해탈 그리고 닙바나

깨달음에 도달하는 수행지침서

해탈 그리고 닙바나

NIBBĀNA

엮은이_아신 수완나

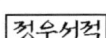

Namo tassa Bhagavato
Arahato Sammāsambuddhassa

그분, 존귀하신 분
모든 번뇌 여의신 분
스스로 완전한 깨달음을 이루신 분께
최상의 경배를 드립니다.

꾸쌀람

Kusalaṁ

착하고 건전하게

도리와 이치는 변하지 않는다.
다만 보는 사람에 의해 왜곡될 뿐이다.

- 수완나 -

드리는 말씀

이치와 도리는 불생불멸(不生不滅)이요, 부증불감(不增不減)이라고 합니다. 즉, 진리 자체는 그 어떠한 상황에서도 변함이 없다는 말씀입니다.

그러나 우리는 각각이 갖고 있는 망령된 상에 취착되어 바르지 못한 견해를 갖고, 그릇된 판단으로 왜곡되게 바라보는 일들이 매우 빈번하게 일어나고 있습니다.

어쩌면 이 책을 바라보는 시각들 또한 아주 다양하리라 믿습니다.

각 나라별 각 인종별 각 문화별 각 직업별 차이는 물론이고, 수행적 관점에서 혹은 논리적 관점에서 혹은 사실적 관점에서 등등 바라보는 시각에 따라 온도의 차이는 크고 또 민감할 것입니다.

　이미 판단된 견해로 이 책을 바라본다는 것은, 마치 색안경을 끼고 사물을 바라보는 것과 같아서 이 책에서 전달하고자 하는 메시지를 완전히 이해하는 데는 이롭지 못합니다.

　그러므로 이 책을 보는 동안에는 스스로 갖고 있는 법에 대한 견해로부터 잠시 벗어나 열린 마음으로 분별취사(分別取捨) 없이, 있는 그대로 바라보기를 부탁드리고 싶습니다.

이 한 권에 담겨진 내용은 『쑤바씨따(subhāsita)경』의 "…[세존] 훌륭한 사람은 첫째 잘 설해진 것을 말하고, 둘째 가르침만을 말하고, 가르침 아닌 것은 말하지 않고, 셋째 자애로운 것만 말하고, 자애롭지 않은 것은 말하지 않고, 넷째 진실만을 말하고, 거짓은 말하지 않네…"(전재성 역주, 『오늘 부처님께 묻는다면』, 2007, 78쪽)라는 말씀처럼, 붓다의 가르침을 그대로 전하는 것이며, 그 중 수행에 관련된 내용으로 요약하여 구성된 특징을 갖고 있습니다.

    그래서 이 기록 서두에는 부처님의 말씀 그대로 인용하고 있음을 나타내기 위하여 "가르침에 따르면"이라는 어구를 사용하고 있습니다.

    즉 여불수행(如佛修行: 부처님께서 하신 수행법)을 실천하기 위하여 부처님께서 설하신 초기경전의 명상에 대한 가르침 내용 그대로를 기록하고자 노력하였습니다.

그러므로 본문 내용에 이해가 부족할 때는 관련된 초기경전 즉, 한국빠알리성전협회 전재성 박사가 역주한 『쌍윳따니까야 전집(2002)』, 『맛지마니까야 전집(2003)』, 『앙굿따라니까야 전집(2008)』 등을 참고한다면 어떠한 경의 어느 경구를 말하는 것인지 명료히 알게 되는 도움을 얻게 될 것입니다.

가르침에 따르면 최상의 지혜(aññā./KPD.1337)에는 3가지가 있다고 합니다.

첫째는 들어서 생기는 지혜[聞慧, Suta-maya-ñāṇa] 즉 법문을 들어서 생기는 지혜[聞所成智]입니다.

둘째는 사유로 생기는 지혜[思慧, Cintā-maya-ñāṇa] 즉 경전을 읽거나 보고 논리적으로 사유하여 생기는 지혜[思所成智]입니다.

셋째는 수행해서 생기는 지혜[修慧, Bhāvanā-maya-ñāṇa] 즉 읽고, 보고, 듣고, 사유한 것을, 실참 수행을 통하여 직접 느끼고 경험하는 지혜[修所成智]입니다.

부처님께서 "첫 번째, 두 번째의 지혜는 빌려온 지혜에 속하지만, 세 번째 수행을 통하여 얻은 지혜는 자기 자신의 경험에 바탕을 둔 지혜로서, 가장 수승한 지혜이다"라고 말씀하셨습니다.

그래서 나는 아주 조심스럽게, 이곳에 부처님의 가르침을 토대로 수행하면서 내가 경험한 것들을 여과 없이 기록하고자 합니다.

그러나 이것은 오로지 나의 수행 경험일 뿐, 완전하고 거룩한 깨달음의 경험과는 다를 수 있음에 주의하셔야 합니다.

이와 같이, 여래의 씨앗인 "아리야삿짜(ariyasacca)"를 만나는 수행자 모두가, 자기 자신의 수승한 경험을 얻고, 완전한 지혜에 도달하는 최상의 이익이 있기를 바랍니다.

끝으로, 이 지혜를 올바르게 기록할 수 있도록 도와주신 모든 인연에 감사합니다.

특히 여래의 가르침을 있는 그대로 번역하여, 남김없이 전하고 계신, 한국빠알리어성전협회 회장이신 퇴현 전재성 박사님에게 진심으로 감사를 드립니다.

사실 전재성 박사님의 역본과 이 책에 쓰인 빠알리어 원문표기에 대하여 직접 수정보완해 주신 자문이 없었다면, 나는 이 거룩한 지혜의 엔솔로지를 기록하지 못하였을 것입니다.

 더불어 초기 가르침에 대한 완전한 앎과 봄이 일어나도록 이끌어 주신, 뿐냐싼또 대장로와 아신 빤디짜 사야도에게도 고마움을 전합니다.

 아울러 이 모든 지혜를 원만히 기록할 수 있도록, 해인사 길상암 보궁에서의 수행을 허락해 주신 해인사 길상암 주지 계영광해 사형스님과 길상암 문중의 대덕 큰스님들에게도 깊은 감사를 올립니다.

드리는 말씀

옛 지혜로운 이는 개구즉착(開口卽錯)이요, 기즉다변(記卽多變)이라고 말씀하셨습니다.

즉 본래 진리라는 것은 말로 표현하면 참 모습을 잃고, 글로 표현하면 변모하는 경우가 허다하다고 하였으니, 수행자 여러분께서는 지혜의 눈으로 올바른 앎과 봄을 일으켜, 여기에 기록된 말과 글 이전의 뜻을 잘 헤아려 열반에 이르는 요체가 될 수 있기를 바랍니다.

　　　　　부처님 오신 좋은 날

　　　　　　해인사 길상암 보궁에서
자비수행자 아신 수완나(Ashin Suvaṇṇa) 쓰다.

추천사

> **一念不生全體現**이니
> **此體如何得喩齊**이요
>
> **透水月華虛可見**이나
> **無心鑑象照常空**이라.

한 생각도 나지 않으면 전체가 나타나리니
이 본체를 어떻게 말할 수 있으리오.
물 속 달빛은 허공에서도 볼 수 있으나
무심의 거울은 비추어도 항상 허공이로다.

무릇, 밝은 태양도 밤에는 비추지 못하고, 아무리 맑은 명경도 스스로의 뒤는 비추지 못함이 도리이니, 진실을 찾고 또 찾아도 본체는 없는 것이며, 허망을 궁구해도 자취조차 찾을 수 없는 것입니다.

그러나 부처님께서 설한 팔만사천 법을 전하는 이가 없으면, 아무리 진리라고 하여도 현묘한 공덕을 드러내지 못하여 무용지물이 되니, 두두물물에 가릉빙가의 소리를 펼친 것입니다.

이와 같이 아신 수완나 사야도의 집필은 살아 움직이는 붓다의 머리카락과도 같아서 수행자들에게는 진여의 강을 건너는 뗏목이 될 것이요, 범부중생에게는 감로수가 될 것입니다.

더욱이 한국근대불교의 선구자로 조명되고 있는 전 조계종 총무원장이며 동국대학교 이사장을 역임한 영암당 임성 대종사와 해인사 주지를 역임한 동광당 명진 대선사의 수법제자인 아신 수완나 스님은, 해인사 길상암 보궁에서 수행정진 중에 뜻함이 있어, 초기불교의 가르침 중 수행의 요체만을 발췌하여 수행지침서를 발간하게 된 것입니다.

그 내용은 매우 현묘하여 진공묘유의 도리를 오롯이 담고 있고, 적정열반에 도달하는 진여문을 나타내고 있어서, 법을 찾는 수행자들에게 요긴한 길잡이가 될 것입니다.

이 거룩한 수행서를 보는 이 모두, 부처님의 만법이 온 천하에 두루 비추고, 봄바람이 온갖 꽃들을 만개하게 하듯이, 모든 경계가 저절로 고요해지고 일체 제법을 통찰하는 지혜가 드러나기를 바랍니다.

2013년 5월 27일

전 대한불교조계종 제12교구본사 해인사 주지
　　대한불교조계종 제22교구본사 대흥사 주지

현 대한불교조계종 원로
　　한국테라와다불교 상가라자(종정)
　　근본불교수행도량 태종사 조실
　　근본불교수행도량 천봉사 조실

도성영공 서

추천사

아신 수완나 스님의 이 간략한 수행지침서인 "해탈 그리고 닙바나"란 책은, 수행자로 불문에 들어간 이후 불립문자를 위주로 하는 한국의 선불교 전통에서 오랜 세월 수행하다가, 초기불교의 가르침을 다시 접하고, 비로소 안심입명의 숨을 쉬게 된 스님의 진솔한 사연을 접하는 것 같아 깊은 감동이 울려옵니다.

스님께서는 백월산 월산암에서 부처님과의 인연을 시작으로 선불교의 길을 가다가 십여 년 전부터 초기불교 수행을 해 오셨습니다.

최근에는, 뿐냐싼또 쌍가라자를 전계사로 구족계를 받고, 초기불교의 전파를 위해 아누다야 선원을 설립하고, 황색가사를 두르신 것은 진정한 부처님의 혜명을 계승하겠다는 결단을 보여주는 것입니다.

아무쪼록 이 책을 읽고 독자 여러분들이 진정한 부처님의 가르침에 들어서는 계기가 마련된다면, 작은 경구로 이루어진 스님의 소책자의 가치는 빛 날 것입니다.

2013년 6월 15일

한국빠알리성전협회 회장 퇴현 **전재성** 합장

‖ 목 차 ‖

수행법의 발견 _ 25
부처님의 수행과 지혜의 완성 _ 41
가르침의 핵심: 세 가지 닦음 _ 51

아리야삿짜 수행의 준비단계 _ 55
  1. 수행자의 기본자세 _ 57
  2. 번뇌의 근원 _ 65

아리야삿짜 수행 1단계 _ 69
  1. 믿음의 힘 기르기 _ 71
  2. 자신을 앎에 도전하기 _ 87
  3. 자애 갖추기 _ 97

아리야삿짜 수행 2단계 _ 103
  1. 멈춤에 들어가기 _ 105
  2. 올바로 봄을 경험하기 _ 113
  3. 몸에 대한 관찰 _ 115
  4. 느낌에 대한 관찰 _ 121

5. 마음에 대한 관찰 _ 123
  6. 사실에 대한 관찰 _ 129

아리야삿짜 수행 3단계 _ 135
  1. 괴로움의 앎에 대한 지혜 _ 141
  2. 괴로움의 일어남에 대한 지혜 _ 157
  3. 괴로움의 소멸에 대한 지혜 _ 161
  4. 괴로움 소멸에 이르는 길에 대한 지혜 _ 165
  5. 최상의 완전한 깨달음에 대한 지혜 _ 181

아리야삿짜 실천단계 _ 189
  1. 언제나 깨어 있음의 실천 _ 191
  2. 언제나 편견 없음의 실천 _ 195
  3. 언제나 자비 베풂의 실천 _ 199

지송경전 _ 205
  전법륜경 _ 206
  무아상경 _ 227
  자 애 경 _ 245

참고문헌 _ 252
아누다야선원 소개 _ 254

수행법의 발견

꾸쌀람

Kusalaṁ

착하고 건전하게

평정심을 놓치지 말라.
반드시 고요함에 이르리라.

- 수완나 -

수행법의 발견

이 글을 쓰고 있는 수행자는 다른 수행자들처럼 지명도가 높아 유명하지도 않으며, 나 스스로 누구의 스승이 될 만한 자격을 갖추었다고도 생각하지 않습니다.

다만 참사람과 좋은 도반을 이루고, 수행에 대하여 철저하게 주의를 기울이면서, 붓다의 가르침을 올바로 이해하고, 그것을 따르고 실천하는 노력을 기울이고 있는 수행자 중 하나일 뿐입니다.

일반적인 수행자들이 그렇듯이, 나는 부처님과 좋은 인연으로 만나 수행자가 된 이후, 스승님의 가르침대로 선불교 수행을 통하여 깨달음에 이르고자 노력하였습니다.

어느 날 무작정 만행을 떠났다가 발 닿은 곳이 건봉사였습니다.

그곳에서 잠시 수행처로 삼으려 하였으나 공교롭게도 홍수로 인하여 건봉사 앞 교각이 무너져 보수공사가 한창이라 방사가 모두 인부들이 사용하고 있어 머물 수가 없었습니다.

어쩔 수 없이 발길을 돌려 내려오다 보니 저 멀리 금강산 콘도가 보였고, 나는 그곳에서 여정을 내려놓기로 하였습니다.

금강산 콘도 10층에 여장을 풀고 문득 아래를 내려다 본 순간, 바닷가에 어느 보살님이 바다 속으로 들어가는 모습이 보였습니다.

깜짝 놀란 나는, 즉시 안내데스크에 전화를 걸어, 바닷가에 자살하려는 사람이 있는 것 같다며 구조요청을 하고는 현장을 내려다보고 있었는데, 구조요원들은 바닷가로 나와서는 계속 두리번거리기만 하다가 들어가는 것이었습니다.

나는 다시 전화를 걸어 구조하지 않음을 질책하자, 그들은 그곳에는 아무도 없다는 말만 되풀이하였습니다.

그래서 나는 직접 내려가 바닷가로 향하였는데, 막상 가보니 조금 전 10층에서 바라 본 그 사람이 정말로 없는 것이었습니다.

너무나 이상한 생각이 들어 주변을 자세히 살펴보니, 어부들이 쓰다버린 하얀 부표 하나와 폐비닐이 넘실대는 파도에 움찔거리는 것이 보였습니다.

그때 비로소 나는 내 스스로 사물을 잘못 본 것을 알고 한없이 부끄러움을 느끼며 올라와, 들뜬 마음을 가다듬고자 좌선수행을 시작하였습니다. 그런데 문득 『금강경』 속 "불취어상(不取於相)이면 여여부동(如如不動)이라"는 구절이 떠오르면서, 순간 머리가 시원해지고, 눈이 밝아지면서 환희심이 일어나는 것이었습니다.

내가 상을 취하지 않았으면 그 무엇도 일어나지 않았을 것을, 수행의 진척이 없는 현실을 비관하고, 죽음까지 생각했던 어리석음이 바로 허망한 모습으로 들어나, 잠깐 동안 착각의 늪에 빠지게 하였음을 느끼며, 부처님 가르침[經]을 이해하는 것만이 부처되는 수행임을 깨닫고, 게송 한 수를 지었습니다.

一圓光明無內外 分別之心成巧僞
忽然擡眼見虛空 山山水水各不二

한 덩이 밝은 빛 안과 밖 따로 없건만
분별하는 마음이 교묘한 거짓 만드네.
홀연히 눈을 들어 허공문득 바라보니
산은 산, 물은 물인데 그 또한 다르지 않네.

그리고는 주석하던 선원으로 돌아왔습니다.

이러한 일을 경험하면서 나는 내가 지금까지 해 온 수행이 매우 잘못되었음을 깨닫게 되었습니다.

즉, 붓다를 이루고자 하면서, 붓다가 어떤 수행을 하였고, 어떻게 진리를 얻게 되었는지 알지 못하고, 조사(祖師)의 모양만을 쫓으려 했던 어리석음을 발견하게 되었습니다.

그리고는 부처님 재세시의 가르침을 토대로 하고 있는 초기경전 속에서 수행의 요체를 찾아보고자 노력하였습니다. 그때 부처님의 원음 그대로 남김없이 번역돼 있는, 퇴현 전재성 박사의 역주 초기경전이 있음을 알고, 초기경전 번역서적을 모두 구입하여 간경수행을 시작하였습니다.

나는 이 거룩하고 성스러운 지혜에 대하여, 덧붙임이나 빠트림 없이 전하고 있는 빠알리어 초기경전들을 토대로, 그 속에 잠재된 수행법을 찾기 위하여 계속적인 노력을 하였습니다.

그러던 어느 날 나는, 『앙굿따라니까야 빠타마씩카(Paṭhamasikkhā)경』에서 부처님 가르침의 핵심은 네 가지의 성스러운 진리(四聖諦, Cattāri-ariyasaccāni)로 완성되었으며, 이 핵심에 도달하는 가장 적합한 수행법으로는 세 가지 닦음(三修, Tisso Bhā vanā)이 있다는 것에 분명한 앎과 봄이 생겨나게 되었습니다.

이것은 다시 각각마다 수 개의 수련과정과 여러 가지의 실천단계로 나누어집니다.

여기에서 주의해야 할 것은, 수행법을 사용할 때마다 선·후(先後)라는 순차(循次)가 있다는 것입니다.

이것은 마치 집을 지으려고 할 때, 주택의 기초인 바닥을 먼저 단단히 하고 그 위에 기둥과 벽을 세운 뒤, 지붕을 올려야 하는 것과 같습니다. 부처님의 수행법으로 실천수행을 하고자 한다면, 우선 해야 하는 것을 완성하지 않고는, 다음 단계로 나아갈 수 없다는 것을 이해하여야 합니다.

수행자는 이 순차의 진리에 대해 분명한 주의를 기울여야만 합니다.

그렇지 않는다면 수행법을 사용하는 데 무척 혼란스러울 수 있습니다.

나는 이 거룩한 가르침의 수행법들을 모음하고, 이 수행법에 대한 이름붙임에 고민하였습니다.

그것은 부처님께서 세 가지 측면과 열두 가지 형태의 진리에 대한 본질을 통찰하여 청정한 앎이 완성되었던 네 가지 성스러운 진리의 핵심과 거룩한 수행법 모음이, 열반을 이루고자 하는 수행자들에게 간결하게 기억되고 수행에 이익이 되도록 하기 위함이었습니다.

어느 날 "가르침과 그 속에 담긴 수행법들은 마치 진리의 거울과도 같다"라는 견해가 떠올랐고, "부처님의 가르침 모두가 고귀하고 성스러운 진리이며, 그 가르침에 의해 앎과 봄으로 이끄는 수행법도 고귀하고 성스러운 것이며, 그 수행법을 통하여 이루어지는 깨달음은 또 하나의 여래를 탄생시키는 씨앗과도 같다"라는 결론에 이르게 되었습니다.

나는 부처님께서 최초로 설하신 것으로 알려진 『초전법륜경』(4~13단)에서 사성제(四聖諦)는 가장 수승한 성스러운 진리라는 가르침을 찾게 되었습니다. 이 도리를 간결하게 함축한 "거룩한 진리[聖諦]"라는 뜻을 가진 "아리야삿짜(ariyasacca)"를 진리의 거울이며 여래의 씨앗으로 전래되고 있는 붓다의 실천수행법의 이름으로 결정하였습니다.

수행법의 발견 33

그러나 이 이름붙임은 깨달음에 도달하는 많은 수행법을 함축하고, 하나로 축약시켜 이름 하고자 하는 것일 뿐이므로, 이 이름에 너무 큰 의미를 두어 옳고 그름의 다툼을 일으키는 것은 결코 바람직하지 않습니다.

 즉, 깨달음에 도달하는 수행법이 간직하고 있는 핵심은 "세 가지 닦음"에 있고, 이것은 모두 부처님의 초기경전 속 가르침이며, 붓다 스스로가 실천하였던 수행의 요체임을 분명히 아는 것에 더 큰 이익이 있습니다.

 다행인 것은 부처님께서는 모든 번뇌로부터 완전한 떠남을 이루는 열반에 대하여 최상의 해답을 도출해 놓으셨다는 것입니다.

그러므로 우리는 수행하면서 해답을 찾아야 하는 수고로움이 필요하지 않습니다.

수행자는 오로지 부처님께서 찾아 놓으신 이 진리의 해답에 대하여, "아리야삿짜"라는 수행법을 통하여 부처님께서는 어떻게 그 해답에 이르게 되었는가를 하나하나 숙고하면 되는 것입니다. 진리로 향하는 순차에 따라서 수행을 실천하고, 진리의 본질을 남김없이 통찰하여, 최상의 지혜인 열반에 도달하면 되는 것입니다.

거룩한 수행은
노력과 실천을 통하여
경험의 지혜를 얻는 것입니다.

가르침에 "어둠 속에 있는 보배는 등불이 없으면 볼 수 없듯이, 성스러운 진리라도 이를 말하는 이가 없으면 아무리 지혜가 있다 하여도 알 수 없다"고 하셨습니다.

　이 가르침의 말씀처럼 나는 "아리야삿짜"라는 수행법이 수행하는 이들에게 진리를 볼 수 있는 등불이 되고, 열반의 대 지혜인 최상등정각에 이르는 뗏목이 될 수 있기를 서원하며 이 글을 기록합니다.

　나는 내가 그랬듯이, 이 거룩한 가르침에 대하여 올바르게 이해하고 공감하여 실천하는 단 한사람의 수행자가 있기만 하여도 만족할 것입니다.

혹여 이 글을 전함에 있어서 부족함이 있다면, 그것은 이 수행자의 수행력과 덕행이 아직 넉넉지 못함에 있음이니, 자애로운 마음으로 이해하여 주시기를 바랍니다.

― 아누다야선원
선원장 아신 수완나(Ashin Suvaṇṇa)

꾸쌀람

Kusalaṁ

착하고 건전하게

건강한 육신이 없으면
건전한 정신이 깃들기 어렵다.

- 수완나 -

부처님의 수행과 지혜의 완성

꾸쌀람

Kusalaṁ

착하고 건전하게

굳은 신심은
빤냐를 이루는 등불이다.

- 수완나 -

부처님의 수행과 지혜의 완성

가르침의 기록 『아리야빠리예싸나(Ariyapariyesanā)경』과 『맛지마니까야(Majjhima Nikāya)』 「근본오십품」 등에 따르면 부처님께서 왕자의 삶을 살던 어느 때, 네 개의 성문을 통하여 중생의 고통을 보게 됩니다.

부처님은 그 때부터 "이 고통스러운 생노병사는 왜 일어나는 것이며, 이 고통으로부터 영원히 벗어나는 길은 없는 것일까?"라는 진리의 본질에 대하여 지속적인 고찰(vicāra)을 하기 시작하였습니다.

그러다가 부처님은 29세 되던 해에 이르러 어느 날 밤에 마부 찬나(channa)를 데리고 말을 타고 진리의 탐구를 위하여 출가를 결행하였습니다.

얼마 후 아노마(Anomā) 강에 도달한 부처님께서는 몸에 걸치고 있던 "…왕의 장신구를 버리고, 범천(梵天) 간띠까라(Ghantikara)가 제공한 주황색 가사(Kasāyavasanā)를 걸치고 사문이 되었습니다.…"
(김한상 역, 『마하시 사야도의 초전법륜경 강의』, 2009, 7쪽)

그 뒤 설산에서 고행을 하였으나 진리의 본질에 대하여 완전한 지혜를 얻을 수 없었고, 오히려 몸이 쇠약해지면서 고통을 받게 되자 부처님께서는 "몸과 정신은 서로 다른 것이 아니다[心身一如]"라는 것을 깨닫고 고행을 멈추게 됩니다.

부처님께서 설산에서 내려와 네란자라 강에서 목욕을 하고, 장자의 딸 쑤자따(Sujatā)가 올린 우유 쌀죽을 공양받고 기력을 회복한 뒤에, 쏫티야(Sotthiya)로부터 여덟 뭉큼 정도의 풀을 얻어, 보리수 나무 아래에 금강보좌의 자리를 마련하고 결가부좌로 앉으신 뒤, 들숨과 날숨에 대한 알아차림(Anāpānasati)으로 최상의 선정(Samatha)에 이르게 되었고, 사염처(Cattāro satipatthāna)에 대한 집중함으로 앎과 봄에 대한 관찰(Vipassanā)의 힘이 생겨났습니다.

그 깊은 집중 속에서 "…밤의 첫 번째 시간에 선정을 통해 전생을 아는 숙명지(宿命智, Pubbe-nivāsa- ānussati-ñāṇa)를 얻었고, 밤의 중간 시간에 하늘 눈(天眼, Dibbacakkhu)을 얻었고, 밤의 마지막 시간에 오취온(五取蘊)이 일어나고 사라지는 것을 보는 통찰력을 개발하고, 12연기(十二緣起, Paticcasa muppāda)를 숙고하였습니다. 이 통찰력으로 계속하여 사성제(四聖諦)의 지혜를 얻고, 마지막에 가서 일체를 아는 지혜[一切智]인 정등각(正等覺)을 얻었습니다…."(김한상 역, 『마하시 사야도의 초전법륜경 강의』, 2009, 21쪽)

 부처님의 6년 수행과정을 비유한다면 "투명한 컵에 맑은 물과 흙먼지가 들어 있었던 것을 수행을 통하여 단계적으로 비워나가는 과정"이라 할 수 있습니다.

 여기서 투명한 컵은 우리의 불성이라 할 수 있고, 맑은 물은 마음이며, 흙먼지는 번뇌 망상이라 할 수 있습니다.
 우리의 불성은 본래로 때 묻거나 인위적이지 않은 투명함과 순수함 그 자체입니다. 우리는 청정하고 물들지 않은 깨끗하고 맑은 마음을 갖고 태어납니다.

그러나 업인(業因)에 의하여 생성되는 많은 물질들은 괴로움과 고통을 일으키는 흙먼지가 되어 맑은 마음을 혼탁하게 만들어 놓습니다.

 그래서 『빠타마빠밧싸라(Pathamapabhassara)경』에는 "[세존] 수행승들이여, 이 마음은 빛나는 것이다. 그 마음이 다가오는 번뇌로 오염된다"(전재성 역주, 『생활 속의 명상 수행』, 2007, 41쪽)라고 하셨습니다.

 가르침에 따르면, 수행자는 가장 먼저 착하고 건전함으로, 또 다른 번뇌 망상의 티끌, 즉 정신과 육신에 더 이상의 흙먼지로 혼탁함이 추가되지 않도록 통제하고 억제하는 수행을 하도록 하였는데 그것이 바로 계율을 지켜 청정체가 되도록 하는 쑤씰라 바와나(지계수행)입니다.

다음으로는 투명한 컵 속에 맑은 물(마음)과 흙먼지(번뇌망상)가 함께 있으면서 혼탁하여진 것을 물과 흙먼지가 분리되도록 하는 수행과정을 제시하였는데 그것이 바로 집중의 닦음 중에 싸마타(samatha, 멈춤) 수행입니다.

 그 다음으로는 멈춤 수행을 통하여 컵 속에 분리된 맑은 물과 흙먼지를 있는 그대로 바라보면서, 맑은 물은 청정한 것이요 흙먼지는 오염된 것임을 분명히 보는 눈을 갖도록 하는 수행과정을 제시하였는데, 그것이 바로 집중의 닦음 중에 사염처(四念處)를 실천하는 위빠사나(vipassanā, 올바른 직관) 수행입니다.

그 다음으로는 맑은 물과 분리된 흙먼지가 오염된 물질로써 고통의 원인임을 자각하고 흙먼지를 하나하나 제거하는 과정, 즉 올바로 보는 수행을 통하여 완전히 알게 된 고통에 대하여 사성제로서 고통을 분명히 알고, 그 고통의 원인을 분명히 알고, 그 고통의 인자들을 하나하나 제거하여 완전한 버림이 되도록 하는 수행과정을 제시하였는데 그것이 바로 지혜의 닦음 중에 짯따리 아리야삿짜니(cattāri ariyasaccāni, 四聖諦) 수행입니다.

 그러나 투명한 컵 중에 수행을 통하여 흙먼지는 완전히 제거 되었지만 아직 맑은 물은 남아 있습니다.

 이 맑은 물은 아만을 내포하고 있는 마음입니다.

그래서 이것마저도 사선정(四禪定)을 통하여, 완전하게 비워 최상의 열반지에 도달되도록 하는 수행과정을 제시하였는데, 그것이 바로 삼법인(tilakkhaṇa, 三法印) 즉 무상(anicca, 無常), 고(dukkha, 苦), 무아(anattan, 無我)마저 완전하게 깨달아 최상의 완전한 깨달음을 이루는 빠라마-아비쌈보디(parama-âbhisambodhi)입니다.

 이것이 바로 완전한 해탈이며 닙바나입니다.

여래의 씨앗

가르침의 핵심

Dhammasāra

꾸쌀람

Kusalaṁ

착하고 건전하게

깨어 있어라.
그것이 닙바나에 이르는 길이다.

- 수완나 -

아리야삿짜의 세 가지 닦음

(三修, Tisso Bhāvanā)

1. 쑤씰라 바와나(Susīla-Bhāvanā)

(持戒修, 계율을 잘 지키는 닦음)

① 삿다바라(Saddhābala, 믿음의 힘)

② 아딴누(Attaññu, 자신을 앎)

③ 멧따(Metta, 자애)

2. 쟈나 바와나(Jhāna-Bhāvanā)
  (禪定修, 집중의 닦음)

① 싸마타(Samatha, 멈춤)
  — 아나빠나싸띠(Ānāpānasati, 호흡새김)

② 위빠사나(Vipassanā, 봄, 直觀)
  — 까야누빳싸나(Kāyānupassanā,
              몸에 대한 관찰)
  — 웨다나누빳싸나(Vedanânupassanā,
              느낌에 대한 관찰)
  — 찟따누빳싸나(Cittânupassanā,
              마음에 대한 관찰)
  — 담마누빳싸나(Dhammânupassanā,
              사실에 대한 관찰)

3. 빤냐 바와나(Paññā-Bhāvanā)
(智慧修, 지혜의 닦음)

① 둑카삿짜(Dukkhasacca):
   고제(苦諦, 고통의 앎)

② 싸무다야삿짜(Samudayasacca):
   집제(集諦, 고통의 원인)

③ 니로다삿짜(Nirodhasacca):
   멸제(滅諦, 고통의 소멸)

④ 막가삿짜(Maggasacca)
   도제(道諦, 고통의 소멸에 이르는 길)

⑤ 빠라마-아비쌈보디(Parama-âbhisambodhi)
   최상등정각(最上等正覺, 최상의 완전한 깨달음)

꾸쌀람

Kusalaṁ

착하고 건전하게

열반에 이르고자 하는 자는
오로지 가르침에 귀 기울여야 한다.

- 수완나 -

거룩한 님의 수행
아리야삿짜 수행의 준비단계

꾸쌀람

Kusalaṁ

착하고 건전하게

생각없는 배움은 이익이 없으며
배움없는 생각은 고통으로 이어집니다.

착한 생각으로 배움을 얻음은 이익이 크며
올바른 배움 뒤에 갖는 생각은 지혜롭습니다.

- 수완나 -

1. 수행자의 기본자세

 거룩한 수행자는 "아리야삿짜" 수행에 앞서 다음의 세 가지 도움이 되는 올바른 습관을 갖추어야만 합니다.

 즉 수행이란, 전생 또는 현생에 걸쳐 오랫동안 숙연으로 남아있는 건전하지 못한 습관들을, 가장 올바른 습관으로 변화시키고자 하는 노력임을 분명히 알고, 그것에 주의를 깊게 기울여서 얻고자 하는 이익이 매우 높아지도록 끊임없이 노력하여야 합니다.

1-1. 가르침에 귀 기울여라

만일 어떤 사람이 가고자 하는 목적지가 미얀마인데, 미얀마로 가는 비행기를 타지 않고 중국으로 가는 비행기를 타게 된다면, 그는 미얀마를 가지 못하고 중국에 도착할 것입니다. 이와 같이 "부처님을 따르면 부처가 되고, 외도를 따르면 외도가 된다"는 진리를 놓치지 말고, 거룩한 가르침에 따라 올바른 수행을 하여야 합니다.

여기에서 외도라 함은 진리가 아닌 견해를 따르는 것을 통칭합니다. 가르침을 바탕으로 충분한 경험에 의하여 얻어진 지견이 아니라면, 스스로의 단견에 치우친 견해를 따르는 것도 하나의 외도가 될 수 있음에 주의를 기울여야 합니다.

우리 곁에는 진리에 대하여 각각의 견해를 밝혀 놓은 책과 이야기가 많이 있습니다. 이것들 속에는 진리에 부합되는 좋은 내용이 있는가 하면, 진리와는 천리 밖으로 멀어진 외도적 내용들도 존재합니다.

　그러므로 배움에 들고자 하는 자는 그 기록들 중에서 진리적인 것을 선택할 줄 아는 지혜가 필요합니다. 아직은 지혜의 눈이 없기 때문에 참다운 기록을 선택하는 데 어려움이 있을 수 있습니다.

　그러나 붓다의 가르침을 꾸밈없이 더하거나 뺌이 없이 있는 그대로 전하고 있는 경전들을 선택한다면 그러한 고민으로부터 벗어날 수 있습니다.

우리의 수행은, 반드시 붓다의 가르침인 경전을 기준하여 진행되어야 합니다.

고귀한 가르침을 명료하고 순수하게 따르는 수행자는, 가장 성자다운 모습으로 갖춰지다가 궁극에는 대 지혜를 얻어 열반에 이르게 되는 커다란 이익을 얻게 됩니다.

1-2. 여유로움으로 순차(順次)를 따르라

현대인들은 손쉽고 빠르게 목표를 이루고자 하는 조급함으로 순차를 따르지 않는 어리석음이 있습니다.

제법은 일정한 시간적 노력과 적절한 공간적 환경 등 여러 가지 다양한 조건이 성숙된 뒤에라야 완성될 수 있는 것입니다. 물은 낮은 곳에서 높은 곳으로 오르지 않고, 구름은 바람을 거슬러 흐르지 않는 것이 순리입니다. 즉 순차를 거슬리지 않는 것이 도리요 이치입니다.

천리 길도 한 걸음부터 시작되고, 한걸음 한걸음이 모여서 목적지에 도달할 수 있습니다. 기둥을 세우지 않고는 지붕을 얹을 수 없듯이, 먼저 해야 하는 것을 먼저 하지 않고, 그 다음 것을 하고자 하는 것은, 수행에 아무런 이익이 되지 않습니다.

『쌍윳따니까야 쑤씨마빠립바자까(Susimaparibbhājaka)경』에 "[세존] 쑤시마여, 그대가 그것을 알든지 모르든지 사실에 대한 지혜가 먼저이고 열반에 관한 지혜는 나중이다"(전재성 역주, 『오늘 부처님께 묻는다면』, 2005, 152쪽)라고 하셨습니다.

이와 같이 최종의 목표(열반)를 성취하기 위해서는 "중생의 번뇌 망상의 근원지를 앎"(사실에 대한 지혜)에 대한 지혜를 얻은 뒤, 비로소 "부처의 경계 즉 무한한 진리에 대한 봄"(열반에 관한 지혜)에 이르러야 한다고 말씀하고 계십니다.

지혜를 얻는 것에도 한 단계 한 단계의 수행을 경험하지 않고는 도달할 수 없음을 말씀하신 것과 같이, 반드시 순차가 있음에 주의를 기울여야만 합니다.

1-3. 쉼 없이 노력하라

수행의 완성은 잠시라도 멈춤이 없는 노력이 기초되어야 합니다.

처음 시작하는 그 고귀한 불같은 견해를 놓치지 않고 모든 어려움과 게으름을 견뎌내어 계속하는 노력을 놓치지 않았을 때, 비로소 수행은 완성되는 것입니다.

작은 물방울이 모여 시냇물을 이루듯이, 작은 지혜 하나하나가 모여서 대 지혜를 만들어내게 됩니다.

수행의 시작과 끝은 "지금 이 순간 깨어 있음"입니다.

　깨어 있음을 유지하기 위해서는 항상 앎과 봄이 연속되어야 하고, 앎과 봄이 연속되기 위해서는, 매 순간 순간 꾸쌀라 담마(Kusaladhamma, 착하고 건전한 것들)를 놓치지 않는 노력을 기울여야 수행의 이익을 얻을 수 있게 됩니다.

　끊이지 않는 지속적인 고찰이 있었을 때, 깊은 통찰이 나타나고, 깊은 통찰에 도달되었을 때, 비로소 일체지에 이를 수 있다는, 아리야삿짜 수행의 가르침을 잊지 않고 쉼 없이 노력하여야 합니다.

2. 번뇌의 근원

Āsavasamudaya

번뇌에는 4가지 종류가 있습니다.

첫 번째는 감각에 의한 쾌락을 집착함으로 일어나는 감각적 쾌락의 욕망에 의한 번뇌(Kāmāsava)와, 두 번째는 형태에 대한 집착함으로 일어나는 존재에 의한 번뇌(Bhavāsava)와, 세 번째는 스스로의 생각이 옳다고 집착하여 일어나는 견해에 의한 번뇌(Diṭṭhāsava)와, 네 번째는 지혜롭지 못한 우둔한 집착으로 일어나는 무명의 번뇌(Avijjâsava)가 있습니다.

여기에서 이해하고 주의를 기울여야 하는 것은 이러한 번뇌들이 모두 불건전한 습관에 의하여 만들어졌고, 그것이 제거되지 않으면 마음과 몸을 더욱 괴롭히게 된다는 것입니다.

그러므로 아직 일어나지 않은 번뇌가 더 이상 일어나지 않게 하고, 이미 일어났던 번뇌를 끊어지게 하려면 착하고 건전한 것들(Kusaladhamma)로 올바른 습관이 되도록 끊임없이 노력하여야 하는 것입니다.

우리의 마음은, 본래 물들어 있거나 혼탁하지 않고 명경처럼 맑고 밝은데, 오랜 습연에 오염되었기 때문에 번뇌 망상에 괴로움을 겪게 되는 것입니다.

즉, 탐욕과 악의적 분노와 원한, 거짓, 고집, 자만, 무지, 방일 등이 마음을 오염시켰기에 자신을 괴롭히는 고통으로 나타나는 것입니다.

이렇게 오염된 마음을 맑게 하려면, 부처님과 가르침과 참모임에 대하여 청정한 믿음을 성취하고, 몸과 언어와 생각을 올바르고 건전하게 유지하는 노력이 있어야 합니다.

또 자애(慈, Mettā)의 마음과 연민(悲, Karuṇā)의 마음과 기쁨(喜, Muditā)의 마음과 평정(捨, Upekkhā)의 마음을 일으켜야, 내면의 마음이 청정해진 수행자가 되어 더 이상의 윤회에 빠지지 않은 이익을 얻게 되는 것입니다.

꾹쌀람

Kusalaṁ

착하고 건전하게

가르침에 대한 실천수행은
완전한 닙바나에 이르게 한다.

- 수완나 -

아리야삿짜 수행 1단계

-계율을 잘 지킴의 닦음-

꾸쌀람

Kusalaṁ

착하고 건전하게

붓다의 삶을 기억하라.
그것이 진리를 깨닫는
유일한 길이다.

- 수완나 -

1. 믿음의 힘(Saddhābala) 기르기

수행에 대한 막연한 생각은 마치 돌을 갈아서 거울을 만들려 하거나 돌장승이 애 낳기를 기다리는 것과 같이 매우 우매한 일입니다. 수행을 하는 목적, 수행을 통하여 얻어지는 이익, 수행의 방법 등에 대하여 충분한 앎이 있어야 최종 귀착지인 열반에 도달할 수 있습니다.

그러기 위해서 제일 먼저 우선해야 하는 것은 붓다에 대한 믿음과, 그 분의 가르침에 대한 믿음과, 거룩한 모임인 승단에 대한 믿음이 있어야 합니다.

붓다에 대한 믿음이 없다면, 붓다의 가르침이 진리라는 것에 대한 믿음이 생겨나지 않게 되고, 그 가르침을 따르는 무리인 승단에 대한 믿음도 없어지게 되는 것입니다.

설령 처음에 믿음이 생겨났다고 하더라고 지속적인 믿음이 유지되지 않는다면 수행은 다시 원점으로 되돌아가 다시 고통에 빠지게 됩니다.

처음의 믿음[初發心]을 놓치지 않는 것이 수행의 결과에 대한 이익이 높아지게 되며, 그로 인하여 정각을 이룰 수 있게 됩니다.

믿음을 생겨나게 하고 생겨난 믿음을 오래도록 기르기 위해서는 붓다와 담마와 쌍가에 대한 올바른 인식이 필요하고, 그 올바른 인식을 단 한순간도 놓치지 않도록 노력하여야 합니다.

수행승들이 가르침에 따라 올곧게 수행하면, 그 결과가 최상의 완전한 깨달음에 도달되어 붓다에 이른다는 굳은 믿음을 기초하여, 있는 그대로에 대한 믿음이 완성되었을 때, 비로소 다음 단계의 수행을 시작할 수가 있습니다.

1-1. 연기법의 이해와 믿음

    믿음을 기초하기 위해서는 첫째는 연기법에 대한 이해가 우선되어야 합니다.

    『마하핫티빠도빠마(Mahāhattipadapamasutta)경』에 "…연기를 보는 자는 진리를 보고, 진리를 보는 자는 연기를 본다…."(전재성 역주, 『맛지마니까야 전집』, 2003, 240쪽)라고 가르침을 주고 계십니다.

연기법이란 『빠타마다싸바라(Pathamadasabala)경』에서 주시는 가르침과 같이 "…이것이 있을 때 저것이 있고, 이것이 생겨날 때 저것이 생겨난다. 이것이 없을 때 저것이 없어지며, 이것이 사라질 때 저것이 사라진다"(전재성 역주, 『오늘 부처님께 묻는다면』, 2005, 105쪽)는 진리를 말합니다.

가르침에 따르면 실제적으로 오온이라는 다섯 가지 고통의 집착다발은 조건적 네 가지 형태의 근원에 의하여 조건적으로 생성된 것들입니다.

조건적 형태의 근원은, 이미 생겨난 다양한 삶의 생존을 위하거나, 다시 생겨나게 될 다양한 삶의 이익을 위한 것들로서, 거칠거나 미세한 물질적 근원과, 감촉의 근원과, 의도의 근원과, 의식의 근원 등으로 구분됩니다.

이 네 가지 형태의 근원들은 각각의 본질이 생성되기 전, 정신적 욕구인 갈애(taṇhā)를 토대로 하여 싹을 틔우며, 그 자신을 원인으로 하여 조건이 성숙되고, 발전되어진 조건들은 그 힘을 더욱 증가시켜 나타난 것임을 알아야 합니다.

 그러나 이 갈애는 갈애의 본질이 생성되기 전, 감각적 현상인 느낌(vedanā)을 토대로 하여 싹을 틔우며, 생성된 느낌은 다시 그 자신을 원인으로 하여 조건이 성숙되고, 발전되어진 조건들은 그 힘을 더욱 증가시켜 나타난 것임을 알아야 합니다.

 또 이 느낌은 느낌의 본질이 생성되기 전, 감각적 자양분인 접촉(phassa)를 토대로 하여 싹을 틔운 것이며, 생성된 접촉은 그 자신을 원인으로 하여 조건이 성숙되고, 발전되어진 조건들은 그 힘을 더욱 증가시켜 나타난 것임을 알아야 합니다.

또 이 접촉은 접촉의 본질이 생성되기 전, 여섯 감각영역(saḷāyatana)을 토대로 하여 싹 틔워진 것이며, 그 자신을 원인으로 하여 조건이 성숙되고, 발전되어진 조건들은 그 힘을 더욱 증가시켜 나타난 것임을 알아야 합니다.

또 이 여섯 감각영역은 여섯 감역의 본질이 생성되기 전, 정신적과 물질적인 영역(nāmarūpa)을 토대로 하여 싹 틔워진 것이며, 그 자신을 원인으로 하여 조건이 성숙되고, 발전되어진 조건들은 그 힘을 더욱 증가시켜 나타난 것임을 알아야 합니다.

또 이 정신적과 물질적인 영역은 이 영역이 생성되기 전, 의식(viññāṇa)을 토대로 하여 싹 틔워진 것이며, 그 자신을 원인으로 하여 조건이 성숙되고, 발전되어진 조건들은 그 힘을 더욱 증가시켜 나타난 것임을 알아야 합니다.

또 의식은 의식이 생성되기 전, 지어 만듦(형성, saṅkhārā)을 토대로 하여 싹 틔워진 것이며, 그 자신을 원인으로 하여 조건이 성숙되고, 발전되어진 조건들은 그 힘을 더욱 증가시켜 나타난 것임을 알아야 합니다.

또 지어 만듦은 지어 만듦이 생성되기 전, 어리석어 알지 못함(무명, avijjā)를 토대로 하여 싹 틔워진 것이며, 그 자신을 원인으로 하여 조건이 성숙되고, 발전되어진 조건들은 그 힘을 더욱 증가시켜 나타난 것임을 알아야 합니다.

이와 같이 연기법으로 바라보면, 어리석어 알지 못함을 조건으로 지어 만듦이 일어나고, 지어 만듦을 조건으로 의식이 일어나며, 의식을 조건으로 정신적과 물질적 영역이 일어나고, 정신적과 물질적 영역을 조건으로 여섯 감각영역이 일어납니다.

또 여섯 감각영역을 조건으로 접촉이 일어나고, 접촉을 조건으로 느낌이 일어나며, 느낌을 조건으로 갈애가 일어나고, 갈애를 조건으로 집착이 일어나며, 집착을 조건으로 윤회의 씨앗이 일어나고, 윤회의 씨앗을 조건으로 태어남이 일어나며, 태어남을 조건으로 늙음과 병들음이 일어나고, 늙음과 병들음으로 죽음이 일어나게 됩니다.

불이 연료를 조건으로 일어나듯이 우리의 고통과 괴로움의 다발들은 나 스스로 일으킨 욕망과 집착을 원인으로 일어나는 것이며, 조건된 연료가 모두 없어지면 타오르던 불이 스스로 사라지듯이, 우리의 수많은 고통과 괴로움의 다발들도 조건으로 성숙된 탐욕과 집착을 제거하고 버리게 되면 스스로 사라지는 것입니다.

 이와 같이 원인 없는 결과가 없다는 연기도리에 대한 충분한 이해로 굳은 믿음을 일으킨다면, 스스로 건전하고 올바른 인연을 지으려는 지혜가 증가될 것입니다.

 이러한 지혜가 일어난 수행자는 집(고통과 괴로움의 다발이 있는 곳)을 떠나, 집 없는 곳(고통과 괴로움의 다발이 제거된 곳)으로 오게(출가) 될 것입니다.

지혜로운 이 수행자에게는 수레바퀴 자국이 수레를 따르듯이 언제나 이익과 행복이 뒤따르게 됩니다.

1-2. 올바른 삶의 수용에 대한 믿음

두 번째로는 부적절한 삶과 올바른 삶에 대한 이해를 해야 합니다. 올바른 삶이 가져다주는 행복의 질이 더 아름답다는 것에 대한 굳은 믿음이 필요합니다.

『마하담마싸마다나(mahādhammasamādāna)경』의 가르침에 의하면 "수행승들이여 이와 같은 네 종류의 삶의 수용이 있다. 네 가지란 어떤 것인가?

1) 수행승들이여, 현재에도 괴롭지만 미래에도 괴로운 결과를 초래하는 삶의 수용이 있다.
2) 수행승들이여, 현재에 즐겁지만 미래에 괴로운 결과를 초래하는 삶의 수용이 있다.
3) 수행승들이여, 현재에 괴롭지만 미래에 즐거운 결과를 초래하는 삶의 수용이 있다.
4) 수행승들이여, 현재에도 즐겁지만 미래에도 즐거운 결과를 초래하는 삶의 수용이 있다."

(전재성 역주, 『명상수행의 바다』, 2003, 296쪽)라고 말씀하고 계십니다.

이 가르침을 기준하였을 때, 네 번째적인 삶이 가장 이익이 크며 행복한 삶이 될 것입니다.

그렇다면 우리는 각각의 삶에 대하여 어떤 것이 그러한 삶을 만드는 원인이며, 어떻게 살아가는 것이 좋은 결과를 낳는 삶인지에 대하여 충분한 고찰이 있어야만 합니다.

첫째, 현재의 삶이 고통 속에 괴로운데도 불구하고, 미래에도 괴로운 삶을 살아가야 하는 삶이란 어떤 것인가?

과거의 혼탁함으로 인한 과보로, 현재에 고통 속에서 헤매면서도, 이를 깨닫지 못하고, 집착으로 인한 탐욕을 일으키고, 아만으로 인한 성냄을 일으키고, 수행하지 않는 어리석음을 일으켜, 몸으로도, 입으로도, 생각으로도 나쁜 인연을 맺는다면, 그 사람은 반드시 이것을 조건으로 미래에도 괴로운 삶이 기다리게 됩니다.

그러므로 이와 같은 삶은, 우리의 영혼과 삶을 아름답지 못한 불행으로 이끌어 감을 분명히 알고, 매우 주의 깊음으로 경계하여야 합니다.

둘째, 현재에는 행복한 삶을 이루고 있지만, 미래에는 고통으로 괴로운 삶은 살아가는 삶이란 어떤 것인가?

과거에 올바르고 착함으로 인한 과보로, 현재에 행복을 영위하고 있다는 사실을 깨닫지 못하고, 집착으로 인한 탐욕을 일으키고, 아만으로 인한 성냄을 일으키고, 수행하지 않는 어리석음을 일으켜, 몸으로도, 입으로도, 생각으로도 나쁜 인연을 맺는다면, 그 사람은 반드시 이것을 조건으로 미래에도 괴로운 삶이 기다리게 됩니다.

그러므로 이와 같은 삶은, 우리의 영혼과 삶을 아름답지 못한 불행으로 이끌어 감을 분명히 알고, 매우 주의 깊음으로 경계하여야 합니다.

　셋째, 현재에는 고통으로 괴롭지만, 미래에는 행복한 삶을 살아가게 되는 삶이란 어떤 것인가?

　과거의 혼탁함으로 인한 과보가, 현재를 고통 속에서 헤매게 한다는 사실에 대하여, 이를 분명하게 깨닫고, 꾸쌀라담마를 실천하여, 만족하는 마음으로 탐욕을 벗어나고, 자비로운 마음으로 성냄을 벗어나고, 늘 깨어 있음으로 놓치지 않는 수행으로 어리석음을 벗어나, 몸으로도, 입으로도, 생각으로도 좋은 인연을 맺는다면, 그 사람은 반드시 이것을 조건으로 미래에는 행복한 삶이 기다리게 됩니다.

그러므로 이와 같은 삶은, 우리의 영혼과 삶을 아름답게 살찌우는, 행복과 평온으로 이끌어 간다는 것을 분명히 알고, 이것이 잘 유지되도록 늘 깨어 있음으로 노력하여야 합니다.

넷째, 현재에도 행복하고 기쁘면서도, 미래에도 행복하고 기쁜 삶을 영위하는 삶이란 어떤 것인가?

과거에 올바르고 착함으로 인한 과보로, 현재에 행복을 영위하고 있다는 사실을 깨닫고, 이에 자만하지 않고, 꾸쌀라담마를 실천하여, 만족하는 마음으로 탐욕을 벗어나고, 자비로운 마음으로 성냄을 벗어나고, 늘 깨어 있음으로 놓치지 않는 수행으로 어리석음을 벗어나, 몸으로도, 입으로도, 생각으로도 좋은 인연을 맺는다면, 그 사람은 반드시, 이것을 조건으로, 미래에는 행복한 삶이 기다리게 됩니다.

이와 같이 신구의(身口意) 삼업(三業)이 올바른 것인가 올바르지 않은 것인가에 의하여, 미래의 삶이 조건 되어 나타난다는 것을 충분히 이해하여야 합니다. 보다 나은 삶을 성숙시키기 위한 노력과 주의를 기울이게 되었을 때 비로소 완전한 믿음을 성취할 수 있게 되는 것입니다.

거룩한 깨달은 님과, 그 분의 고귀한 가르침과, 성스러운 참모임에 대하여, 굳은 믿음이 존재할 때, 수행은 더욱 높아지게 되고 깨달음으로 깊이 다가가는 이익이 있습니다.

2. 자신을 앎(Attaññu)에 도전하기

가르침에 대한 믿음이 갖추어졌다면, 이제는 자기 자신에 대하여 분명하게 앎이 필요합니다.

그것은 수행의 근원이 되기 때문입니다.
즉 수행의 목적은 불건전한 모습(중생)에서 벗어나 가장 올바른 모습(부처)으로 변화하기 위함이기 때문입니다.

그러기 위해서는 반드시 자기 자신의 장애가 되는 불건전한 습관들에 대하여 충분히 뒤돌아보고 고찰하여 하나하나 분명하게 앎이 필요합니다.

어느 날 나는, 이 아딴누 수행과정을 통하여 나 자신에게 삼업(三業)으로 인한 많은 허물이 있었음과, 아상과 법상으로 인한 허황된 수행자의 삶을 살아왔음을 발견하였습니다.

　그러다가 어느 날 부처님의 가르침인 경구 한 구절을 통하여 참다운 지혜의 보고(寶庫)를 발견하였고, 한없는 희열과 즐거움을 경험하였습니다.

　이 때 가슴으로 밀려오는 것 중 하나가 사람의 본분인 인간다운 인간의 모습도 갖추지 못한 내가 과연 부처님의 법의를 입은 출가자라 할 수 있는가? 한없이 부끄러웠습니다.

도덕적으로 윤리적으로 혼탁함으로부터 벗어난 마음과 행동이 수반되지 않는다면, 진정한 출가자가 아니며, 부처님의 가르침을 따르는 수행자라 할 수 없는 것임을 마음속 깊이 깨달았습니다.

　이와 같이 이 단계는 자기 자신의 허물을 명료히 들여다보는 과정입니다.

　그것은 자기 자신을 분명하게 알고 보아야 올바르고 건전한 모습으로 변화하게 할 수 있기 때문입니다.

마음이 청정하면 스스로의 이익을 얻을 수 있고, 타인에게도 이익을 얻게 할 수 있으며, 인간의 성품을 뛰어 넘는 고귀한 앎과 봄을 성취할 수 있습니다.

마음이 청정하려면 첫 번째는 믿음의 갖춤이 필요합니다.

즉 여래의 깨달음에 대하여 세존께서는 능히 공양 받을 만한 분이며, 올바로 원만히 깨달은 분이며, 명지와 덕행을 갖추신 거룩한 분이며, 바른 길로 잘 가신 분이며, 세상을 잘 이해하는 고귀한 분이며, 가장 높은 자리에 오르는 위없는 분이며, 사람들을 잘 길들이시는 분이며, 신들과 인간의 스승이신 분이며, 세상에서 가장 존귀하신 분이라는 고귀한 믿음을 갖추어야 합니다.

두 번째는 부끄러워 할 줄 앎을 갖추는 것입니다.

즉 스스로의 신체적으로 불건전한 행위와, 스스로의 언어적으로 불건전한 행위와, 스스로의 정신적으로 불건전한 행위에 대하여 부끄러워 할 줄 아는 심성을 갖추어야 합니다.

세 번째로는 창피스러워 할 줄 알음을 갖추는 것입니다.

즉 스스로 행한 올바르지 못한 신체적 모습과, 스스로 행한 올바르지 못한 언어적 모습과, 스스로 행한 올바르지 못한 정신적 모습에 대하여 매우 창피한 것임을 알아야 합니다.

네 번째로는 많은 배움을 갖추는 것입니다.

즉 처음도 올바르고 착하고 중간도 올바르고 착하고 끝도 올바르고 착하며, 가장 올바름으로 충만되어져 있으며, 아주 순결하고 청정함만을 설하는 그러한 거룩한 가르침에 대하여, 남김없이 배움을 갖추고, 오래도록 기억하며 올바른 견해를 갖추는 것입니다.

다섯 번째로는 최선을 다한 노력함을 갖추는 것입니다.

즉 악하고 불건전한 것들로부터 멀리 떠나고, 확고함과 용맹정진의 힘으로 착함과 올바름을 위해 최선의 노력을 다해야 하는 것입니다.

여섯 번째로는 주의 깊은 알아차림을 갖추는 것입니다.

즉 오래 전에 행한 것이나 오래 전에 말한 것이나 오래 전에 사유한 것들에 대하여 기억하고 회상하여, 악하고 불건전한 것으로부터 떠나, 오로지 착하고 올바른 것들에 대하여 한 순간도 놓치지 않도록 주의 깊게 알아차림을 하여야 합니다.

일곱 번째로는 지혜를 갖추는 것입니다.

즉 괴로움은 무엇이며 괴로움의 생성은 어떻게 되는 것이며, 괴로움의 소멸은 무엇이고 괴로움의 소멸로 이끄는 길은 어떤 것인가? 그 이치와 도리에 대하여 남김없이 꿰뚫어 보는 지혜를 갖추는 것입니다.

여기에 덧붙여 분명한 앎이 요구되는 것은, 수행자가 얼마나 계율을 잘 지키고 있고, 얼마나 청정한 수행을 하고 있는가를 아는 것입니다. 그것은 수행자가 주석하는 곳에서 오랫동안 수행생활을 함께해 보아야 알 수 있는 것이며, 또 주의를 깊이 기울여 지혜롭게 살펴보았을 때 알 수 있는 것입니다.

　또한 수행자가 수행을 통하여 얼마나 깊고 높은 지혜를 이루고 있는가는, 진리에 대한 주의 깊은 논의와 가르침을 전하는 설법을 통하여 알 수 있는 것입니다.

　이와 같이 사람은 색깔과 형상 등 겉모양으로는 알 수 없는 것입니다. 그런데도 우리는 학연으로 지연으로 경제력 등으로, 구별하고 분별하고 좋은 것은 취하고 싫은 것은 버리는 어리석음으로 살아가고 있습니다.

『금강경』에 "시법평등 무유고하(是法平等 無有高下)라고 말씀하셨습니다."

제법이 모두 평등하여 본래로 높낮이가 없음인데도, 우리는 어떤 문중인가?, 어느 종단 수행자인가?, 어느 국가 수행자인가?, 언제 출가하였는가?, 출가자인가? 재가자인가? 등등 수행자 간에 높낮이를 두고 있는 것을 봅니다.

이러한 분별로 나누고 취하고 버림은, 최상의 지혜에 이르는 것에 아무 이익이 되지 않습니다.

우리는 모두 일불제자입니다. 평등함을 기억해야 합니다.

이와 같은 가르침을 통하여 우리가 반드시 주의를 기울여야 하는 것은, 스스로를 뒤돌아보고 그것들에 대하여 낱낱이 고찰한 뒤, 자기를 잘 살펴 악하고 불건전한 것들은 제거하고 버린 다음, 자기 자신을 잘 수호하여 선하고 올바름으로 바꾸고, 그것들에 대하여 한 순간도 놓치지 않도록 주의 깊게 알아차림을 하여야 하는 것입니다.

3. 자애(Metta) 갖추기

가르침에 대한 믿음이 갖추어지고, 나아가 스스로에 대한 고찰이 완성되어, 마음과 행동이 선하고 올바름을 갖추었다면, 그 선하고 올바름이 오래도록 지속될 수 있도록 노력이 필요합니다.

그러기 위해서는 신구의(身口意) 삼업을 청정하게 하고, 탐진치 삼독을 남김없이 제거하며, 최상의 선과 최상의 올바름으로 이끌 수 있는 자애를 실천하여야 합니다.

자애를 실천하기 위해서는 먼저 해야 하는 것이 있음에 주의를 기울여야 합니다.

오랫동안 수행한 출가수행자나 불교교리에 정통한 재가수행자에게 "불교란 무엇입니까?"라는 질문을 하면, 대다수의 사람들은 심오한 문구를 찾아 답변하느라 애쓰는 모습을 많이 보게 됩니다.

물론 그러한 답변들이 잘못되었거나 진리를 왜곡시키는 것들은 분명 아닙니다.

그러나 문제는 부처님께서는 깨달음에 이르기 위한 근본에 대하여 초기경전에 순일한 가르침을 보여주셨음에도 우리는 그것에 깊은 의미를 두고 있지 않다는 것입니다.

「담마빠다 붓다(Buddha)품」에는 "모든 죄악을 짓지 않고, 모든 착하고 건전한 것들을 성취하고, 자신의 마음을 깨끗이 하는 것, 이것이 모든 깨달은 님들의 가르침이다"(전재성 역주, 『법구경-담마파다』, 2008, 139쪽)라고 전하고 있습니다.

즉 최상의 불교적 삶을 가르침대로 한마디로 요약하여 말한다면 그것은 꾸쌀람(Kusalaṁ, 착하고 건전하게)입니다.

착하고 건전한 것은, 불건전하고 악한 것들을 제거하는 힘이 있게 되며, 탐욕과 분노와 어리석음으로부터 벗어나는 힘을 기르게 되어, 신구의 삼업을 청정한 모습으로 갖추게 하는 최상의 이익을 얻게 합니다.

끊이지 않는 꾸쌀라담마가 기초되었을 때, 비로소 자애를 실천할 수 있습니다.

자애의 실천은 과도한 탐욕과 인색함을 제거합니다.
자애의 실천은 불건전한 분노와 악함을 제거합니다.
자애의 실천은 무지의 어리석음과 우매함을 제거합니다.

자애를 기본으로 삼고 몸에 익혀 수행하는 사람에게는 자애를 베푼 만큼 다른 존재들로부터 사랑받고 보호받음이 생겨나고, 스스로 미움이나 원한을 벗어났기에, 잠자거나 깨어있거나 부드럽고 고요하여 행복과 집중을 느낄 수 있게 됩니다.

반드시 기억해야 할 것은 자애의 기본은 배려입니다.

물질적으로 정신적으로 그 어느 것에도 매어 있지 않으며 나의 입장이 아니라 상대의 입장에서 기쁨과 감사를 일으킬 수 있는 조건이 성숙되어야 진정한 배려라 할 수 있습니다.

수행자는 많은 사람들의 이익을 위하여 처음도 올바르고 착하며, 중간도 올바르고 착하며, 끝도 올바르고 착함을 유지함으로 완전한 원만함과 청정한 삶을 드러내야 합니다.

만약 지금까지 그대가 믿음을 완전히 잘 갖추고, 자신을 잘 알아 스스로를 착함과 올바름으로 수호하고 최상의 자애를 실천하였다면, 아리야삿짜 수행의 1단계 쑤실라 바와나(지계수행)가 완성되었음이니 수행자로서의 기초가 잘 갖춰진 것입니다.

 지붕이 견고한 집에는 비가 스며들지 않듯이, 착하고 올바름을 잘 수호하고 자애의 실천으로 잘 닦여 완성된 마음에는 어떠한 고통도 스며들 수 없습니다.

 따라서 그대는 청정한 수행자가 된 것이니, 집 짓는 일로 말한다면 기초를 단단히 한 것과 같고, 아리야삿짜 수행의 보다 높은 단계인 쟈나 바와나(선정수행)에 들어갈 수 있는 이익과 행복이 생겨난 것입니다.

아리야삿짜 수행 2단계

-집중의 닦음-

꾸쌀람

Kusalaṁ

착하고 건전하게

보이는 것에 매이지 말라.
자칫 진리를 보지 못할까 두렵다.

- 수완나 -

1. 멈춤(Samatha)에 들어가기

수행에서 반드시 요구되는 것 중에 하나가 모든 고통을 일으키는 번뇌 망상으로부터 고요해지는 것입니다.

제어되지 않는 번뇌 망상은 마치 일렁이는 파도와 같아서 잠시의 멈춤도 허락하지 않는 고통의 근원이 되는 것입니다.

『잇차낭갈라(Icchānangala)경』에는 "[세존] 수행승들이여, 나는 새김을 확립하여 숨을 들이쉬고, 새김을 확립하여 숨을 내 쉰다…"(전재성 역주,『오늘 부처님께 묻는다면』, 2005, 577쪽)라며 호흡수행 하심을 강조하셨습니다.

아리야삿짜 수행 2단계　105

아나빠나싸띠(호흡수행)를 닦으려면, 가장 먼저 수행하기 좋은 환경을 만드는 일입니다.

 좋은 환경이란?
 가급적 집중하기 편안한 공간을 말하며, 수행처가 선택이 되면, 가부좌 혹은 반가부좌로 앉은 뒤, 허리를 펴 몸을 곧게 하고, 눈을 지그시 감은 뒤, 얼굴 앞쪽 코 부위에 주의를 기울인 다음, 들숨으로 인하여 일어나는 몸의 반응을 깊이 주시하며 숨을 들여 마시고, 날숨으로 인하여 일어나는 몸의 반응을 깊이 주시하며 숨을 내 놓아야 합니다.

이 때 중요한 것은
 길게 숨을 들이 쉴 때는, 지금 나는 길게 숨을 들이 쉬고 있고, 그 몸의 반응은 이와 같다고 분명히 알아차림 하며 주의 깊은 집중을 하여야 하고,

길게 숨을 내 쉴 때는, 지금 나는 길게 숨을 내쉬고 있고, 그에 따른 몸의 반응은 이와 같다고 분명히 알며 주의 깊은 집중을 하여야 합니다.

또, 짧게 숨을 들이 쉴 때는, 지금 나는 짧게 숨을 들이쉬고 있고, 그에 따른 몸의 반응은 이와 같다고 분명히 알며 주의 깊은 집중을 하여야 하고, 짧게 숨을 내 쉴 때는, 지금 나는 짧게 숨을 내쉬고 있고, 그에 따른 몸의 반응은 이와 같다고 분명히 알며, 집중에 깊은 주의를 기울여야 합니다.

다음 단계로, 호흡의 움직임에 대한 집중이 높아지게 되면, 온 몸의 움직임을 하나하나 놓치지 않고 알아차림 하면서, 들숨이 일어날 때는 들숨에 대하여, 날숨이 일어날 때는 날숨에 대하여, 숨을 들이 쉬고 내 쉼을 분명히 알며, 주의 깊은 집중을 하여야 합니다.

아리야삿짜 수행 2단계 107

다음 단계로, 온 몸에 일어나던 하나하나의 움직임에 대하여, 충분한 알아차림으로 집중이 높아지게 되면, 기쁨과 즐거움의 느낌을 경험하면서, 들숨이 일어날 때는 들숨에 대하여, 날숨이 일어날 때는 날숨에 대하여, 숨을 들이 쉬고 내 쉼을 분명히 알며, 주의 깊은 집중을 하여야 합니다.

다음 단계로, 기쁨과 즐거움을 경험하면서 집중이 높아졌다면, 마음의 움직임과 고요함을 느끼면서, 들숨이 일어날 때는 들숨에 대하여, 날숨이 일어날 때는 날숨에 대하여, 숨을 들이 쉬고 내 쉼을 분명히 알며, 주의 깊은 집중을 하여야 합니다.

다음 단계로, 마음의 움직임과 고요함을 느끼면서 집중이 높아졌다면, 생겨난 것은 머물면서 변하고, 언젠가는 소멸하게 되는 무상함을 느끼면서,

들숨이 일어날 때는 들숨에 대하여, 날숨이 일어날 때는 날숨에 대하여, 숨을 들이 쉬고 내 쉼을 분명히 알며, 주의 깊은 집중을 하여야 합니다.

다음 단계로, 생겨난 것은 머물면서 변하고, 언젠가는 소멸하게 되는 무상함을 느끼면서 집중이 높아졌다면, 욕망과 분노의 사라짐을 경험하면서, 들숨이 일어날 때는 들숨에 대하여, 날숨이 일어날 때는 날숨에 대하여, 숨을 들이 쉬고 내 쉼을 분명히 알며, 주의 깊은 집중을 하여야 합니다.

다음 단계로, 욕망과 분노의 사라짐을 경험하면서 집중이 높아졌다면, 모든 살아있는 것에 자애로움을 느끼면서, 들숨이 일어날 때는 들숨에 대하여, 날숨이 일어날 때는 날숨에 대하여, 숨을 들이 쉬고 내 쉼을 분명히 알며, 주의 깊은 집중을 하여야 합니다.

다음 단계로, 모든 살아있는 것에 자애로움을 느끼면서 집중이 높아졌다면, 마음의 평온이 유지되는 평정을 경험하면서, 들숨이 일어날 때는 들숨에 대하여, 날숨이 일어날 때는 날숨에 대하여, 숨을 들이 쉬고 내 쉼을 분명히 알며, 주의 깊은 집중을 하여야 합니다.

지금까지 8단계의 아나빠나싸띠(호흡수행) 닦음에 완전한 경험을 얻고 그것을 토대로 주의 깊은 집중이 완성되었다면, 그대는 그대의 고통을 일으키는 요인들을 맑은 마음과 분리하여 가라앉히는 커다란 이익을 얻게 된 것입니다.

이 수행과정에서 반드시 주의하여야 할 것이 있습니다.

그것은 사마타 수행의 집중이 깊어지는 과정에서 일시적으로 나타나는 현상(nimitta, 현상, 전조)으로 눈을 감거나 눈을 뜨거나, 일정한 형태 또는 불규칙한 형태, 또는 부처님의 형상이거나 자기 자신의 형상 등 다양한 형태 다양한 느낌으로 나타나서, 그 형상자신이 검거나 혹은 밝은 빛을 발광하는 모습을 경험할 수 있게 됩니다.

그러나 이러한 현상은 주의 깊은 집중이 높아질 때 나타나는 일시적인 현상으로, 더욱 수승한 수행이 지속되면 순식간에 사라지는 것들입니다.

그럼에도 불구하고 일부 수행자들은 이 감각적 현상에 이끌리어, 이 현상이 마치 깨달음에 도달되어 나타나는 것이 아닌가? 착각을 일으켜, 그것에 집착하거나 의존적인 수행 형태로 전환되는 경우가 있습니다.

이와 같은 수행은 사마타 수행에 멈춤을 일으켜 더 높은 단계의 수행으로 나아갈 수 없게 되고, 완전한 지혜를 이루는 데 이롭지 않습니다.

 그러므로 이러한 현상에 집착이 일어나지 않도록 주의를 기울여 수행해야 합니다.

2. 올바로 봄(Vipassanā)을 경험하기

전단계의 수행의 완성되었다면 그것은 투명한 컵 속에 맑은 물과 혼탁한 흙먼지를 분리하여 가라앉혀 놓은 것과 같습니다.

그러므로 이제는 고통을 일으키는 번뇌가 어떤 것들인지 가라앉은 흙먼지(고통의 요인들)를 있는 그대로 바라보는 관찰의 힘을 키우는 데 노력해야 합니다.

『맛지마니까야 싸띠빳타나(Satipatthāna)경』에 이렇게 말씀하셨습니다.

"4. 수행승들이여, 이 세상에 수행승은

① 열심히 노력하고 올바로 알고 깊이 새겨 세상의 탐욕과 근심을 제거하며, 몸에 대해 몸을 관찰한다.

② 열심히 노력하고 올바로 알고 깊이 새겨 세상의 탐욕과 근심을 제거하며, 느낌에 대해 느낌을 관찰한다.

③ 열심히 노력하고 올바로 알고 깊이 새겨 세상의 탐욕과 근심을 제거하며, 마음에 대해 마음을 관찰한다.

④ 열심히 노력하고 올바로 알고 깊이 새겨 세상의 탐욕과 근심을 제거하며, 사실에 대해 사실을 관찰한다."

(전재성 역주, 『명상수행의 바다』, 2003, 93~94쪽)

위 말씀처럼 관찰은 인위적이지 않고 있는 그대로 보아야 하며, 주의 깊고 올바르고 분명하여야 함이 중요합니다.

3. 몸에 대한 관찰(Kāyānupassanā)

이제 집중하여 몸에 대한 관찰을 시작해 봅니다.

첫 번째 단계로, 몸을 곧게 펴서 바로 하고, 눈을 지그시 감고, 심신의 안정이 유지될 때, 멈춤 없는 고요 속에서, 맑은 정신과 밝은 감각을 일으킴에 주의를 기울여, 몸의 외부적 요인의 변화에 대하여, 있는 그대로를 분명히 알고, 올바르게 보는 노력을 실행해야 합니다.

즉, 걸어가면 걸어가는 현상과 느낌에 대하여 분명히 알고 보며, 서있으면 서있는 현상과 느낌에 대하여 분명히 알고 보며, 앉아 있으면 앉아 있는 현상과 느낌에 대하여 분명히 알고 보며, 누워 있으면 누워 있는 현상과 느낌에 대하여 분명히 알고 보며, 또는 안에서 나가고 밖에서 들어옴에 대하여, 말하고 침묵함에 대하여, 생리현상에 의해 배변함에 대하여, 그 나타나는 현상과 느낌을 분명히 앎에 주의를 기울여 올바르게 보는 힘을 키워야 합니다.

두 번째 단계로, 몸을 곧게 펴서 바로 하고, 눈을 지그시 감고, 심신의 안정이 유지될 때, 멈춤 없는 고요 속에서, 맑은 정신과 밝은 감각을 일으킴에 주의를 기울여, 몸의 내부적 요인의 변화에 대하여, 있는 그대로를 분명히 알고, 올바르게 보는 노력을 실행해야 합니다.

즉, 몸 안의 뼈, 골수, 혈액, 림프액, 지방, 땀, 눈물, 배설물, 오장육부와 몸 안의 모든 물질과 기능 등등, 몸 안에서 몸을 유지하기 위하여 존재하는 다양한 물질들과 기능현상들에 대하여, 있는 그대로 분명한 앎에 주의를 기울여 올바르게 보는 힘을 키워야 합니다.

　세 번째 단계로, 몸을 곧게 펴서 바로 하고, 눈을 지그시 감고, 심신의 안정이 유지될 때, 멈춤 없는 고요 속에서, 맑은 정신과 밝은 감각을 일으킴에 주의를 기울여, 몸이 생명을 다하여 죽음에 이른 시신의 모습에 대하여, 있는 그대로를 분명히 알고, 올바르게 보는 노력을 실행해야 합니다.

　즉, 몸이 수명을 다하여 대지에 버려진 뒤, 그 시신이 시간이 흐르면서 부패되어 부풀어 오르고, 그리고 얼마의 시간이 흐른 뒤, 안에 있던 물질이 흘러나오는 시신의 모습을 연상하면서, 그러한 몸의 현상을, 있는 그대로 분명한 앎에 주의를 기울여, 올바르게 보는 힘을 키워야 합니다.

네 번째 단계로, 몸을 곧게 펴서 바로 하고, 눈을 지그시 감고, 심신의 안정이 유지될 때, 멈춤 없는 고요 속에서, 맑은 정신과 밝은 감각을 일으킴에 주의를 기울여, 몸이 부패된 뒤 나타나는 현상에 대하여, 있는 그대로를 분명히 알고, 올바르게 보는 노력을 실행해야 합니다.

　즉, 부패된 몸이 결국 앙상한 뼈만 남게 되고, 그 뼈들은 제각각이 떨어져 나뒹구는 모습을 연상하면서, 그러한 몸의 현상을 있는 그대로 분명한 앎에 주의를 기울여, 올바르게 보는 힘을 키워야 합니다.

　이와 같이, 몸의 안과 밖의 변화하는 모든 현상을 올바르게 관찰하며, 수행자인 나의 몸도 이와 같은 성질을 가지고 있고, 이와 같은 존재가 되고,

이와 같은 운명을 벗어나지 못함에 대하여 분명히 앎과 봄에 주의 깊은 노력을 기울여야 합니다.

 여기에서 중요한 것은 반드시 지금까지의 순차에 대하여 단 하나의 어김이나 빠트림 없이 수행하여야 이익이 크다는 것입니다.

꾸쌀람

Kusalaṁ

착하고 건전하게

생각은 그 모습 그대로 언어로 나타나고
언어는 그 모습 그대로 행동으로 전이된다.

- 수완나 -

4. 느낌에 대한 관찰(Vedanânupassanā)

이제 집중하여 느낌에 대한 관찰을 시작해 봅니다.

첫 번째 단계로, 몸을 곧게 펴서 바로 하고, 눈을 지그시 감고, 심신의 안정이 유지될 때, 멈춤 없는 고요 속에서, 맑은 정신과 밝은 감각을 일으킴에 주의를 기울여, 나에게 이익이 되는 즐거운 느낌과 괴로운 느낌과 즐겁지도 괴롭지도 않은 느낌에 대하여, 이러한 느낌은 무엇이며, 무엇을 연유로 나타난 것이며, 어떻게 하여야 소멸되는 것인가를 분명히 안 뒤에, 그 느낌들에 대하여 남김없이 경험하면서, 있는 그대로를 분명히 알고, 올바르게 보는 노력을 실천하여야 합니다.

두 번째 단계로, 몸을 곧게 펴서 바로 하고, 눈을 지그시 감고, 심신의 안정이 유지될 때, 멈춤 없는 고요 속에서, 맑은 정신과 밝은 감각을 일으킴에 주의를 기울여, 나에게 이익이 되지 않는 즐거운 느낌과 괴로운 느낌과 즐겁지도 괴롭지도 않은 느낌에 대하여, 이러한 느낌은 무엇이며, 무엇을 연유로 나타난 것이며, 어떻게 하여야 소멸되는 것인가를 분명히 안 뒤에, 그 느낌들에 대하여, 남김없이 경험하면서, 있는 그대로를 분명히 알고, 올바르게 보는 노력을 실천하여야 합니다.

이와 같은 방식으로 안과 밖으로 나타나는 생성의 느낌에 대하여 있는 그대로 관찰하고, 안과 밖으로 나타나는 느낌의 소멸에 대하여 있는 그대로 느낌에 대하여 느낌을 관찰하는 데 노력을 기울여야 합니다.

5. 마음에 대한 관찰(Cittânupassanā)

이제 집중하여 마음에 대한 관찰을 시작해 봅니다.

첫 번째 단계로, 몸을 곧게 펴서 바로 하고, 눈을 지그시 감고, 심신의 안정이 유지될 때, 멈춤 없는 고요 속에서, 맑은 정신과 밝은 감각을 일으킴에 주의를 기울여, 탐욕이란 무엇이며, 무엇을 연유로 나타나는 것이며, 어떻게 하여야 이를 소멸시킬 수 있는 것인가를 분명히 알고 본 뒤에, 탐욕이 마음의 일어날 때는 일어남에 대하여, 탐욕의 마음이 사라질 때는 사라짐에 대하여 남김없이 경험하면서, 있는 그대로를 분명히 알고, 올바르게 보는 노력을 실천하여야 합니다.

두 번째 단계로, 몸을 곧게 펴서 바로 하고, 눈을 지그시 감고, 심신의 안정이 유지될 때, 멈춤 없는 고요 속에서, 맑은 정신과 밝은 감각을 일으킴에 주의를 기울여, 성냄이란 무엇이며, 무엇을 연유로 나타나는 것이며, 어떻게 하여야 이를 소멸시킬 수 있는 것인가를 분명히 알고 본 뒤에, 성냄이 마음의 일어날 때는 일어남에 대하여, 성냄의 마음이 사라질 때는 사라짐에 대하여 남김없이 경험하면서, 있는 그대로를 분명히 알고, 올바르게 보는 노력을 실천하여야 합니다.

 세 번째 단계로, 몸을 곧게 펴서 바로 하고, 눈을 지그시 감고, 심신의 안정이 유지될 때, 멈춤 없는 고요 속에서, 맑은 정신과 밝은 감각을 일으킴에 주의를 기울여, 어리석은 마음이란 무엇이며, 무엇을 연유로 나타나는 것이며, 어떻게 하여야 이를 소멸시킬 수 있는 것인가를 분명히 알고 본 뒤에, 어리석은 마음의 일어날 때는 일어남에 대하여, 어리석은 마음이 사라질 때는 사라짐에 대하여 남김없이 경험하면서, 있는 그대로를 분명히 알고, 올바르게 보는 노력을 실천하여야 합니다.

네 번째 단계로, 몸을 곧게 펴서 바로 하고, 눈을 지그시 감고, 심신의 안정이 유지될 때, 멈춤 없는 고요 속에서, 맑은 정신과 밝은 감각을 일으킴에 주의를 기울여, 긴장된 마음이란 무엇이며, 무엇을 연유로 나타나는 것이며, 어떻게 하여야 이를 소멸시킬 수 있는 것인가를 분명히 알고 본 뒤에, 긴장된 마음의 일어날 때는 일어남에 대하여, 긴장된 마음이 사라질 때는 사라짐에 대하여 남김없이 경험하면서, 있는 그대로를 분명히 알고, 올바르게 보는 노력을 실천하여야 합니다.

다섯 번째 단계로, 몸을 곧게 펴서 바로 하고, 눈을 지그시 감고, 심신의 안정이 유지될 때, 멈춤 없는 고요 속에서, 맑은 정신과 밝은 감각을 일으킴에 주의를 기울여, 광대한 마음이란 무엇이며, 무엇을 연유로 나타나는 것이며, 어떻게 하여야 이를 소멸시킬 수 있는 것인가를 분명히 알고 본 뒤에, 광대한 마음의 일어날 때는 일어남에 대하여, 광대한 마음이 사라질 때는 사라짐에 대하여 남김없이 경험하면서, 있는 그대로를 분명히 알고, 올바르게 보는 노력을 실천하여야 합니다.

여섯 번째 단계로, 몸을 곧게 펴서 바로 하고, 눈을 지그시 감고, 심신의 안정이 유지될 때, 멈춤 없는 고요 속에서, 맑은 정신과 밝은 감각을 일으킴에 주의를 기울여, 고귀한 마음이란 무엇이며, 무엇을 연유로 나타나는 것이며, 어떻게 하여야 이를 소멸시킬 수 있는 것인가를 분명히 알고 본 뒤에, 고귀한 마음의 일어날 때는 일어남에 대하여, 고귀한 마음이 사라질 때는 사라짐에 대하여 남김없이 경험하면서, 있는 그대로를 분명히 알고, 올바르게 보는 노력을 실천하여야 합니다.

 일곱 번째 단계로, 몸을 곧게 펴서 바로 하고, 눈을 지그시 감고, 심신의 안정이 유지될 때, 멈춤 없는 고요 속에서, 맑은 정신과 밝은 감각을 일으킴에 주의를 기울여, 집중된 마음이란 무엇이며, 무엇을 연유로 나타나는 것이며, 어떻게 하여야 이를 소멸시킬 수 있는 것인가를 분명히 알고 본 뒤에, 집중된 마음이 일어날 때는 일어남에 대하여, 집중된 마음이 사라질 때는 사라짐에 대하여 남김없이 경험하면서, 있는 그대로를 분명히 알고, 올바르게 보는 노력을 실천하여야 합니다.

여덟 번째 단계로, 몸을 곧게 펴서 바로 하고, 눈을 지그시 감고, 심신의 안정이 유지될 때, 멈춤 없는 고요 속에서, 맑은 정신과 밝은 감각을 일으킴에 주의를 기울여, 해탈된 마음이란 무엇이며, 무엇을 연유로 나타나는 것이며, 어떻게 하여야 이를 소멸시킬 수 있는 것인가를 분명히 알고 본 뒤에, 해탈된 마음의 일어날 때는 일어남에 대하여, 해탈된 마음이 사라질 때는 사라짐에 대하여 남김없이 경험하면서, 있는 그대로를 분명히 알고, 올바르게 보는 노력을 실천하여야 합니다.

　이와 같이 각각의 마음에 대하여 각각의 마음을 주의 깊음으로 올바르게 분명히 관찰함에 노력을 기울여야 합니다.

6. 사실에 대한 관찰(Dhammânupassanā)

이제 집중하여 사실에 대한 관찰을 시작해 봅니다.

첫 번째 단계로, 몸을 곧게 펴서 바로 하고, 눈을 지그시 감고, 심신의 안정이 유지될 때, 멈춤 없는 고요 속에서, 맑은 정신과 밝은 감각을 일으킴에 주의를 기울여, 다섯 가지 장애(pañca nīvaraṇāni)의 사실에 대한, 있고 없음에 대하여, 있는 그대로를 분명히 알고, 올바르게 보는 노력을 실행해야 합니다.

즉, 나에게 감각적 쾌락의 욕망(kāmacchanda)이 일어난다면, 감각적 쾌락의 욕망이란 무엇이며, 이것은 무엇을 토대로 나타나는 것이며, 이것의 소멸은 어떻게 하여야 하는 것인가를 주의 깊게 고찰하여 분명히 안 뒤에, 욕망이 일어나면 그 일어나는 사실에 대하여, 또 욕망이 사라지면 그 사라지는 사실에 대하여, 있는 그대로 분명히 알고, 올바르게 보는 노력을 실천하여야 합니다.

또, 나에게 악의(byāpāda)가 일어나면, 악의란 무엇이며, 이것은 무엇을 토대로 나타나는 것이며, 이것의 소멸은 어떻게 하여야 하는 것인가를 주의 깊게 고찰하여 분명히 안 뒤에, 악의가 일어나면 그 일어나는 사실에 대하여, 또 악의가 사라지면 그 사라지는 사실에 대하여, 있는 그대로 분명히 알고, 올바르게 보는 노력을 실천하여야 합니다.

또, 나에게 해태와 혼침(thīnamiddha)이 일어나면, 해태와 혼침이란 무엇이며, 이것은 무엇을 토대로 나타나는 것이며, 이것의 소멸은 어떻게 하여야 하는 것인가를 주의 깊게 고찰하여 분명히 안 뒤에, 해태와 혼침이 일어나면 그 일어나는 사실에 대하여, 또 해태와 혼침이 사라지면 그 사라지는 사실에 대하여, 있는 그대로 분명히 알고, 올바르게 보는 노력을 실천하여야 합니다.

또, 나에게 **흥분과 회한(uddhaccakukkucca)이 일어나면**, 흥분과 회한이란 무엇이며, 이것은 무엇을 토대로 나타나는 것이며, 이것의 소멸은 어떻게 하여야 하는 것인가를 주의 깊게 고찰하여 분명히 안 뒤에, 흥분과 회한이 일어나면 그 일어나는 사실에 대하여, 또 흥분과 회한이 사라지면 그 사라지는 사실에 대하여, 있는 그대로 분명히 알고, 올바르게 보는 노력을 실천하여야 합니다.

두 번째 단계로, 몸을 곧게 펴서 바로 하고, 눈을 지그시 감고, 심신의 안정이 유지될 때, 멈춤 없는 고요 속에서, 맑은 정신과 밝은 감각을 일으킴에 주의를 기울여, 물질 느낌 지각 형성 의식

등, **다섯 가지 존재의 집착다발**(pañca upādānakkhandhā)**의 사실에 대하여**, 그 각각의 존재들이란 무엇이며, 무엇을 토대로 일어나며, 이것을 소멸에 이르게 하려면 어떻게 하여야 하는 것인 가를 주의 깊게 고찰하여 분명히 안 뒤에, 그 각각의 집착이 일어나면 일어나는 사실에 대하여, 또 각각의 존재들이 사라지면, 그 각각의 존재들이 사라지는 사실에 대하여, 있는 그대로를 분명히 알고, 올바르게 보는 노력을 실천하여야 합니다.

세 번째 단계로, 몸을 곧게 펴서 바로 하고, 눈을 지그시 감고, 심신의 안정이 유지될 때, 멈춤 없는 고요 속에서, 맑은 정신과 밝은 감각을 일으킴에 주의를 기울여, 여섯 가지 감각영역(saḷāyatana)의 사실, 즉 시각 청각 후각 미각 촉각 정신 등 **여섯 가지 감각영역 각각의 존재에 대하여**, 시각이 물질을 보고 느끼는 인식과, 청각이 소리를 듣고 느끼는 인식과, 후각이 냄새를 맡고 느끼는 인식과, 미각이 맛을 보고 느끼는 인식과. 촉각이 감촉으로 느끼는 인식과, 정신이 사유로 느끼는 인식에 대하여, 현상과 느낌이 일어나면 그 각각의 현상과 느낌들이 일어났음을 분명하게 알고 보아야 하며, 또 각각의 현상과 느낌들이 사라지면, 그 각각의 현상과 느낌들이 소멸되었음에 대하여, 있는 그대로를 분명히 알고, 올바르게 보는 노력을 실천하여야 합니다.

네 번째 단계로, 몸을 곧게 펴서 바로 하고, 눈을 지그시 감고, 심신의 안정이 유지될 때, 멈춤 없는 고요 속에서, 맑은 정신과 밝은 감각을 일으킴에 주의를 기울여, 일곱 가지 깨달음의 고리(satta bojjhaṅgā)의 사실, 즉 알아차림(sati)과 진리에 대한 숙고(dhammavicāra)와 정진(viriya)과 희열(pīti)과 안온(passaddhi)과 집중(samādhi)과 평정(upekkhā) 등 각각의 깨달음의 고리에 대한 현상과 느낌이 일어나면 각각의 현상과 느낌에 대하여 일어났음을 분명하게 알고 보아야 하며, 또 각각의 현상과 느낌들이 사라지면, 그 각각의 현상과 느낌들이 소멸되었음에 대하여, 있는 그대로를 분명히 알고, 올바르게 보는 노력을 실천하여야 합니다.

이와 같이 각각의 사실 현상과 느낌에 대하여 각각의 사실 현상과 느낌들을 주의 깊음으로 올바르게 분명히 관찰함에 노력을 기울여야 합니다.

이제 그대는 지계와 선정에 이르렀으니, 집짓는 일로 말한다면 기초를 단단히 한 뒤, 중심이 되는 주춧돌과 기둥을 튼튼히 완성함과 같음으로, 아리야삿짜 수행의 다음 단계인 **빤냐 바와나**(paññā bhāvanā, 지혜수행)에 들어 갈 수 있는 이익과 행복이 생겨난 것입니다.

아리야삿짜 수행 3단계
- 지혜의 닦음 -

꾸쌀람

Kusalaṁ

착하고 건전하게

부처님의 삶을 기억하라.
그 속에 아주 많은 진리가 담겨 있다.

- 수완나 -

가르침에 따르면 앞 단계의 지혜 없이는 높은 단계의 지혜를 체험할 수 없다고 합니다.

지금까지 진리에서 붓다와 가르침과 수행자 모임에 대한 굳은 믿음이 완성되고, 자기를 완전히 앎에 도달되어 불건전한 것을 건전한 것으로, 악한 것을 선한 것으로 변화시켜 좋은 습관을 완성하고, 조건 없는 베풂으로, 연민과 자애의 힘을 길러 지계수행 단계를 완성하였다면 바로 아리야삿짜 수행 1단계를 성취하신 것입니다.

또, 이 1단계 성취의 힘을 토대로 아나빠나싸띠의 사마타 수행을 통해 번뇌 망상의 멈춤을 경험하고 마음을 고요하게 한 뒤, 위빠사나 수행으로, 일어나는 모든 현상에 대하여, 있는 그대로 더하거나 뺌이 없이, 하나하나 들여다보는 힘이 길러졌다면, 더욱 높은 힘을 가진 선정수행을 완성한 것으로 아리야삿짜 수행 2단계를 성취하신 것입니다.

이와 같이 각각의 앞 단계의 수행을 완성하였다면, 이제는 아리야삿짜 3단계를 수행해야 합니다. 이 단계에서는 진리에 대한 통찰과 최상의 완전한 깨달음의 지혜가 일어나는 최상의 단계를 통하여 완전한 깨달음에 도달하게 됩니다.

이 아리야삿짜 수행 3단계는 반야의 강을 건너 최종 목적지인 피안의 언덕에 도달하는 과정으로 매우 중요합니다.

더욱 주의하여야 하는 것은 2단계 과정에서 나타나는 현상에 대하여 있는 그대로 봄(觀)을 이루었다면, 3단계 과정에서는 진리 하나하나마다 의문을 내어 깊이 고찰하여야 한다는 것입니다. 특히 이 단계는 주의를 집중하여야 합니다.

그러므로 지금까지 수행했던 노력보다 알고 봄에 더욱 힘 있는 에너지로 집중하여야 이 단계를 완성할 수 있으며, 이것은 완전한 깨달음을 얻는 데 이익이 높음을 기억해야 합니다.

꾸쌀람

Kusalaṁ

착하고 건전하게

수행은 누구나 할 수 있는 것이지만
열반은 실천적 경험을 얻은 자의 것이다.

- 수완나 -

1. 괴로움의 앎에 대한 지혜

『쌍윳따니까야 바라(Bhara)경』에 "[세존] 짐은 다섯 가지 존재의 다발이며, 세상의 짐꾼은 사람이니, 짐을 짊어지는 것은 괴로움이며, 짐을 내려놓는 것이 안락이네"(전재성 역주, 『오늘 부처님께 묻는다면』, 2005, 220쪽)라고 하셨습니다.

모든 집착은 과거, 현재, 미래를 막론하고 모두 괴로운 것입니다.

과거에 대한 집착은, 탐욕을 넘어서서 미움과 원망의 고통을 키울 수 있습니다.

미래에 대한 집착은, 망상과 근심, 걱정, 두려움 등의 고통으로 다가오게 됩니다.

현재에 대한 집착은, 지족의 마음이 사라지고, 이루지 못하거나 얻지 못함에 따른 분노의 고통이 나타나게 됩니다.

그러므로 삶의 고통 중에 하나인 이 다섯 가지 존재의 집착다발에 대하여, 과거의 모든 것에 대한 애착으로부터 벗어나고, 미래의 모든 것에 대한 애착도 갖지 말고, 현재의 모든 것에 대해서도 그 욕망의 끈을 놓아야 합니다.

왜냐하면 과거는 이미 지나가 버려진 것이며, 미래는 아직 다가오지 않았기 때문입니다.

또 지금 현재 꾸쌀라담마를 통해서, 만족과 자비가 일어나게 하여 이 순간 행복하다면, 그것이 모여 한 시간이 되고, 그 시간이 모여 하루가 되며, 그 하루가 모여 일 년이 되는 것이니, 순간의 행복함을 놓치지 않는다면, 아주 오래도록 행복할 수 있는 것은 분명한 도리입니다.

이와 같이 과거를 뒤돌아보니 지난날들 모두가 행복하였고, 다가올 미래에도 고민함이 없는 것은 매 순간 행복할 것이기 때문에 미래 역시 행복하다는 것입니다.

지금 이 순간 행복함에 집중하여야 합니다.

이와 같은 기초적인 통찰은 붓다의 올바른 가르침에 대한 주의 깊은 실천이며, 이 실천들이 모여 명민한 경험을 얻게 하여 바른 깨달음의 즐거움(Sambodhirati)으로 인도합니다.

　고제(苦諦, Dukkhasacca)에서 중요한 것은 고통이 무엇인지에 대해 주의 깊음으로 올바르게 분명히 알아야 한다는 것입니다.

　가르침에 따르면 다음의 여덟 가지 괴로움이 있습니다.
　① 태어남(jāti)
　② 늙음(jīraṇa)
　③ 죽음(maraṇa)
　④ 슬픔(soka)
　⑤ 비탄(parideva)

⑥ 육체적 고통(sāmisadukkha)

⑦ 정신적 고통(domanassa)

⑧ 절망(upāyāsa)

⑨ 싫어하는 것과 만남(appiyasampayoga)

⑩ 사랑하는 것과 헤어짐(piyavippayoga)

⑪ 원하는 것을 얻지 못함(icchitālābha)

⑫ 오취온(upādāna-kkhandha, 다섯 가지 집착다발)

(김한상 번역, 『마하시 사야도의 초전법륜경 강의』, 2009, 177쪽)

이러한 각각의 괴로움들을 분명하게 알기 위해서는, 그 괴로움 하나하나의 대상에 대하여 주의 깊은 앎과 봄의 노력이 필요합니다.

이제 각각의 괴로움에 대하여 분명하게 알고 보는 수행을 시작하겠습니다.

1) **태어남과 늙음과 죽음이라는 각각의 괴로움의 진리**에 대하여 의문을 가지고 생각을 일으켜서(尋 Vitakka) 각각의 대상에 마음을 집중하며, 분명한 앎을 위한 명상을 시작합니다.

그리고는 몸을 곧게 펴서 바로 하고, 눈을 지그시 감고, 심신의 안정이 유지될 때, 멈춤 없는 고요 속에서, 맑은 정신과 밝은 감각을 일으킴에 주의를 기울여 마음을 집중한 다음, 생각을 일으켜 나타난 대상에 대하여, 그것이 무엇이며, 나에게 어떤 영향을 미치는 것인가를, 하나하나 남김없이 주의 깊은 분명한 앎을 통하여, 진리에 대한 의문이 깨달아질 때까지, 가거나 멈추거나 앉거나 눕거나 놓치지 않고, 지속적인 고찰(伺, Vicāra)을 이어갑니다.

주의 깊은 고찰을 통하여, 태어남과 늙음과 죽음이 모두 괴로움이라는 분명한 앎(pajānana)과 올바로 봄(sammā dassana)이 나타나면, 그 순간, 눈이 번쩍 뜨이는 기쁨인 희열(pīti)과 즐거움의 감각인 행복(sukha)을 느끼게 됩니다.

그러한 희열과 행복을 유지하여, 더욱 집중된 고요한 마음이 되도록 노력하면, 흩어지지 않는 행복감이 지속되는 초선(pathamajjhāna)의 지혜를 경험하게 됩니다.

2) 이어서, 근심과 탄식과 육체적 고통과 정신적 고통이라는 괴로움에 대하여 의문을 가지고 생각을 일으켜, 각각의 대상에 마음을 집중하며, 분명한 앎을 위한 명상을 시작합니다.

그리고는 몸을 곧게 펴서 바로 하고, 눈을 지그시 감고, 심신의 안정이 유지될 때, 멈춤 없는 고요 속에서, 맑은 정신과 밝은 감각을 일으킴에 주의를 기울여 마음을 집중한 다음, 나타난 대상에 대하여, 그것이 무엇이며, 나에게 어떤 영향을 미치는 것인가를, 하나하나 남김없이 주의 깊은 분명한 앎을 통하여, 진리에 대한 의문이 깨달아질 때까지, 가거나 멈추거나 앉거나 눕거나 놓치지 않고, 지속적인 고찰을 이어갑니다.

 주의 깊은 고찰을 통하여, 근심과 탄식과 육체적 고통과 정신적 고통이 모두 괴로움이라는 분명한 앎과 올바로 봄이 나타나면, 그 순간, 눈이 번쩍 뜨이는 기쁨인 희열과 즐거움의 감각인 행복을 느끼게 됩니다.

그러한 희열과 행복을 유지하여, 더욱 집중된 고요한 마음이 되도록 노력하면, 흩어지지 않는 행복감이 지속되는 초선의 지혜를 경험하게 됩니다.

3) 이어서, 싫어하는 것과 만남이라는 괴로움에 대하여, 의문을 가지고 생각을 일으켜, 각각의 대상에 마음을 집중하며, 분명한 앎을 위한 명상을 시작합니다.

그리고는 몸을 곧게 펴서 바로 하고, 눈을 지그시 감고, 심신의 안정이 유지될 때, 멈춤 없는 고요 속에서, 맑은 정신과 밝은 감각을 일으킴에 주의를 기울여 마음을 집중한 다음, 나타난 대상에 대하여, 그것이 무엇이며, 나에게 어떤 영향을 미치는 것인가를, 하나하나 남김없이 주의 깊은 분명한 앎을 통하여, 진리에 대한 의문이 깨달아질 때까지, 가거나 멈추거나 앉거나 눕거나 놓치지 않고, 지속적인 고찰을 이어갑니다.

주의 깊은 고찰을 통하여, 싫어하는 것과 만나게 되는 고통이 모두 괴로움이라는 분명한 앎과 올바로 봄이 나타나면, 그 순간, 눈이 번쩍 뜨이는 기쁨인 희열과 즐거움의 감각인 행복을 느끼게 됩니다.

그러한 희열과 행복을 유지하여, 더욱 집중된 고요한 마음이 되도록 노력하면, 흩어지지 않는 행복감이 지속되는 초선의 지혜를 경험하게 됩니다.

4) 이어서 사랑하는 것과 헤어짐이라는 괴로움에 대하여 의문을 가지고 생각을 일으켜, 각각의 대상에 마음을 집중하며, 분명한 앎을 위한 명상을 시작합니다.

그리고는 몸을 곧게 펴서 바로 하고, 눈을 지그시 감고, 심신의 안정이 유지될 때, 멈춤 없는 고요 속에서, 맑은 정신과 밝은 감각을 일으킴에 주의를 기울여 마음을 집중한 다음, 나타난 대상에 대하여, 그것이 무엇이며, 나에게 어떤 영향을 미치는 것인가를, 하나하나 남김없이 주의 깊은 분명한 앎을 통하여, 진리에 대한 의문이 깨달아질 때까지, 가거나 멈추거나 앉거나 눕거나 놓치지 않고, 지속적인 고찰을 이어갑니다.

주의 깊은 고찰을 통하여, 사랑하는 것과 헤어지는 고통이 모두 괴로움이라는 분명한 앎과 올바로 봄이 나타나면, 그 순간, 눈이 번쩍 뜨이는 기쁨인 희열과 즐거움의 감각인 행복을 느끼게 됩니다.

그러한 희열과 행복을 유지하여, 더욱 집중된 고요한 마음이 되도록 노력하면, 흩어지지 않는 행복감이 지속되는 초선의 지혜를 경험하게 됩니다.

5) 이어서, 원하는 것을 얻지 못함이라는 괴로움에 대하여, 의문을 가지고 생각을 일으켜, 각각의 대상에 마음을 집중하며 분명한 앎을 위한 명상을 시작합니다.

그리고는 몸을 곧게 펴서 바로 하고, 눈을 지그시 감고, 심신의 안정이 유지될 때, 멈춤 없는 고요 속에서, 맑은 정신과 밝은 감각을 일으킴에 주의를 기울여 마음을 집중한 다음, 나타난 대상에 대하여, 그것이 무엇이며, 나에게 어떤 영향을 미치는 것인가를, 하나하나 남김없이 주의 깊은 분명한 앎을 통하여, 진리에 대한 의문이 깨달아질 때까지, 가거나 멈추거나 앉거나 눕거나 놓치지 않고, 지속적인 고찰을 이어갑니다.

주의 깊은 고찰을 통하여, 원하는 것을 얻지 못하는 것이 모두 괴로움이라는 분명한 앎과 올바로 봄이 나타나면, 그 순간, 눈이 번쩍 뜨이는 기쁨인 희열과 즐거움의 감각인 행복을 느끼게 됩니다.

그러한 희열과 행복을 유지하여, 더욱 집중된 고요한 마음이 되도록 노력하면, 흩어지지 않는 행복감이 지속되는 초선의 지혜를 경험하게 됩니다.

6) 이어서 물질(rūpa)과 느낌(vedanā)과 지각(saññā)과 형성(sankhārā)과 의식(viññāna) 등 다섯 가지 집착다발이라는 괴로움에 대하여 의문을 가지고, 생각을 일으켜 각각의 대상에 마음을 집중하며 분명한 앎을 위한 명상을 시작합니다.

그리고는 몸을 곧게 펴서 바로 하고, 눈을 지그시 감고, 심신의 안정이 유지될 때, 멈춤 없는 고요 속에서, 맑은 정신과 밝은 감각을 일으킴에 주의를 기울여 마음을 집중한 다음, 나타난 대상에 대하여, 그것이 무엇이며, 나에게 어떤 영향을 미치는 것인가를, 하나하나 남김없이 주의 깊은 분명한 앎을 통하여, 진리에 대한 의문이 깨달아질 때까지, 가거나 멈추거나 앉거나 눕거나 놓치지 않고, 지속적인 고찰을 이어갑니다.

주의 깊은 고찰을 통하여, 물질 느낌 지각 형성 의식 등이 모두 괴로움이라는 분명한 앎과 올바로 봄이 나타나면, 그 순간, 눈이 번쩍 뜨이는 기쁨인 희열과 즐거움의 감각인 행복을 느끼게 됩니다.

그러한 희열과 행복을 유지하여, 더욱 집중된 고요한 마음이 되도록 노력하면, 흩어지지 않는 행복감이 지속되는 초선의 지혜를 경험하게 됩니다.

이와 같은 아리야삿짜 수행을 실천함으로써 그대는 괴로움이란 무엇인지 각각의 괴로움에 대하여 주의 깊음으로 하나하나 올바르게 분명히 알게 되었습니다.

2. 괴로움의 일어남에 대한 지혜

집제(集諦, Samudayasacca)에서 중요한 것은 괴로움의 일어남은 모두 버려야 하는 것으로, 괴로움이 일어나는 근원인 갈애와 집착의 연기에 대하여, 올바르게 분명히 알아서 그 모두를 남김없이 버려야 합니다.

『떳타(tittha)경』의 가르침에 따르면,
"…무명을 조건으로 형성이 생겨나고
행업을 조건으로 의식이 생겨나며
의식을 조건으로 명색이 생겨나고
명색을 조건으로 여섯 가지 감역이 생겨나며
여섯 가지 감역을 조건으로 접촉이 생겨나고
접촉을 조건으로 느낌이 생겨나며
느낌을 조건으로 갈애가 생겨나고
갈애를 조건으로 집착이 생겨나며

집착을 조건으로 존재가 생겨나고

존재를 조건으로 태어남이 생겨나며

태어남을 조건으로 늙음과 죽음, 슬픔, 비탄, 고통, 근심, 절망이 생겨난다."(전재성 역주, 『생활 속의 명상수행』, 2007, 93~94쪽)의 가르침과 같이 모든 괴로움의 집착다발이 생겨납니다.

이제 이와 같이 나타난 각각의 12연기 현상에 대하여 하나하나 의문을 가지고, 생각을 일으켜 각각의 대상에 마음을 집중하며 분명한 앎을 위한 명상을 시작합니다.

그리고는 몸을 곧게 펴서 바로 하고, 눈을 지그시 감고, 심신의 안정이 유지될 때, 멈춤 없는 고요 속에서, 맑은 정신과 밝은 감각을 일으킴에 주의를 기울여 마음을 집중한 다음, 괴로움을 일어나게 하는 갈애와 집착의 대상들은 연기현상이므로 이 모두는 반드시 버려야 하는 것임에 대하여,

하나하나 남김없이 주의 깊은 분명한 앎을 통하여, 진리에 대한 의문이 깨달아질 때까지, 가거나 멈추거나 앉거나 눕거나 놓치지 않고, 지속적인 고찰을 이어갑니다.

주의 깊은 고찰을 통하여, 12연기 각각의 괴로움 모두는 버려야 하는 것임에 대하여, 분명한 앎과 올바로 봄이 나타나면, 그 순간, 눈이 번쩍 뜨이는 기쁨인 희열과, 즐거움의 감각인 행복을 느끼게 됩니다.

그러한 희열과 행복을 유지하여, 더욱 집중된, 고요한 마음이 되도록 노력하면, 흩어지지 않는 행복감이 지속되는 초선의 지혜를 경험하게 됩니다.

이와 같은 아리야삿짜를 실천함으로써 그대는 괴로움의 발생 원인이 무엇인지 각각의 괴로움 발생에 대하여 주의 깊음으로 하나하나 올바르게 분명히 알게 되었습니다.

3. 괴로움의 소멸에 대한 지혜

멸제(滅諦, Nirodhasacca)에서 중요한 것은 괴로움의 소멸은 실현(도달)해야 하는 것으로 괴로움의 소멸에 도달되게 하는 근원은 무엇인지, 주의 깊음으로 올바르게 분명히 알아야 합니다.

『띳타(tittha)경』의 가르침에 따르면

"…무명이 남김없이 사라져 소멸하면 형성이 소멸하고,

형성이 소멸하면 의식이 소멸하며,

의식이 소멸하면 명색이 소멸하고,

명색이 소멸하면 여섯 가지 감역이 소멸하며,

여섯 가지 감역이 소멸하면 접촉이 소멸하고,

접촉이 소멸하면 느낌이 소멸하며,

느낌이 소멸하면 갈애가 소멸하고,

갈애가 소멸하면 집착이 소멸하며,

집착이 소멸하면 존재가 소멸하고,

존재가 소멸하면 태어남이 소멸하며,

태어남이 소멸하면 늙음과 죽음, 슬픔, 비탄, 고통, 근심, 절망이 소멸한다"(전재성 역주, 『생활 속의 명상수행』, 2007, 94쪽)의 가르침과 같이 모든 괴로움의 다발들이 소멸하게 됩니다.

이와 같은 사실을 기초로 연기의 소멸에 대하여 생각을 일으켜 분명한 앎을 위한 명상을 시작합니다.

그리고는, 몸을 곧게 펴서 바로 하고, 눈을 지그시 감고, 심신의 안정이 유지될 때, 멈춤 없는 고요 속에서, 맑은 정신과 밝은 감각을 일으킴에 주의를 기울여 마음을 집중한 다음, 일어난 괴로움을 낱낱이 소멸하기 위해서는, 갈애와 집착의 대상들인 12가지 각각의 연기 현상을 놓아버리고 제거하여야 하는 이치에 대하여, 하나하나 남김없이 주의 깊은 분명한 앎을 통하여, 진리에 대한 의문이 깨달아질 때까지, 가거나 멈추거나 앉거나 눕거나 놓치지 않고, 지속적인 고찰을 이어갑니다.

주의 깊은 고찰을 통하여, 12연기 대상 모두 괴로움이고, 이것은 반드시 소멸을 실현해야 하는 것임에 대하여, 분명한 앎과 올바로 봄이 나타나면, 그 순간, 눈이 번쩍 뜨이는 기쁨인 희열과, 즐거움의 감각인 행복을 느끼게 됩니다.

그러한 희열과 행복을 유지하여, 더욱 집중된 고요한 마음이 되도록 노력하면, 흩어지지 않는 행복감이 지속되는 초선의 지혜를 경험하게 됩니다.

이와 같은 아리야삿짜를 실천함으로써 그대는 괴로움의 소멸을 어떻게 도달하여야 하는 것인지 각각의 괴로움 소멸에 대하여 주의 깊음으로 하나하나 올바르게 분명히 알게 되었습니다.

4. 괴로움의 소멸에 이르는
길에 대한 지혜

도제(道諦, Maggasacca)에서 중요한 것은, 괴로움의 소멸에 이르는 길은 수행해야 하는 것으로, 괴로움의 소멸에 이르는 여덟 가지 고귀한 길에 대한 근원을 주의 깊음으로 올바르게 분명히 알아야 합니다.

『띳타(tittha)경』의 가르침에 따르면 "수행승들이여, 무엇이 괴로움의 소멸에 이르는 길인가? 그것은 바로 여덟 가지 고귀한 길이다. 곧 올바른 견해, 올바른 사유, 올바른 언어, 올바른 행위, 올바른 생활, 올바른 정진, 올바른 새김, 올바른 집중이다"(전재성 역주, 『생활 속의 명상』, 2007, 94~95쪽)라고 가르침을 주고 있습니다.

1) 괴로움의 소멸에 이르는 여덟 가지 고귀한 길 중에 올바른 견해(正見, Sammādiṭṭhi)란 무엇인가에 대하여 그 근원을 숙고하고, 마음을 집중하여 분명한 앎을 위한 명상을 시작합니다.

그리고는 몸을 곧게 펴서 바로 하고, 눈을 지그시 감고, 심신의 안정이 유지될 때, 멈춤 없는 고요 속에서, 맑은 정신과 밝은 감각을 일으킴에 주의를 기울여 마음을 집중한 다음, 바른 견해 갖춤이란, 괴로움에 대하여 앎의 지혜와, 괴로움의 일어남에 대한 지혜와, 괴로움의 소멸에 대한 지혜와, 괴로움의 소멸에 이르는 길에 대한 지혜를 갖추는 것이라는 사실에 대하여, 하나하나 남김없이 주의 깊은 분명한 앎을 통하여, 진리에 대한 의문이 깨달아질 때까지, 가거나 멈추거나 앉거나 눕거나 놓치지 않고, 지속적인 고찰을 이어갑니다.

주의 깊은 고찰을 통하여, 바른 견해가 네 가지 지혜를 얻는 것이고, 이것은 끊이지 않는 수행을 통해서 이룰 수 있다는 사실에 대하여, 분명한 앎과 올바로 봄이 나타나면, 그 순간, 눈이 번쩍 뜨이는 기쁨인 희열과 즐거움의 감각인 행복을 느끼게 됩니다.

　그러한 희열과 행복을 유지하여, 더욱 집중된 고요한 마음이 되도록 노력하면, 흩어지지 않는 행복감이 지속되는 초선의 지혜를 경험하게 됩니다.

　2) 괴로움의 소멸에 이르는 여덟 가지 고귀한 길 중에 올바른 사유(正思惟, Sammāsaṅkappa)란 무엇인가에 대하여 그 근원을 숙고하고, 마음을 집중하여 분명한 앎을 위한 명상을 시작합니다.

그리고는 몸을 곧게 펴서 바로 하고, 눈을 지그시 감고, 심신의 안정이 유지될 때, 멈춤 없는 고요 속에서, 맑은 정신과 밝은 감각을 일으킴에 주의를 기울여 마음을 집중한 다음, 바른 사유 갖춤이란, 자애[慈]와 연민[悲]과 더불어 기뻐함[喜]과 평온[捨]의 네 가지 거룩한 마음가짐[四梵住]이라는 이치에 대하여, 하나하나 남김없이 주의 깊게 봄을 통하여, 진리에 대한 의문이 깨달아질 때까지, 가거나 멈추거나 앉거나 눕거나 놓치지 않고, 지속적인 고찰을 이어갑니다.

 주의 깊은 고찰을 통하여, 바른 사유가 네 가지 거룩한 마음가짐을 말하는 것이고, 이것은 끊이지 않는 수행을 통해서 이룰 수 있다는 사실에 대하여, 분명한 앎과 올바로 봄이 나타나면, 그 순간, 눈이 번쩍 뜨이는 기쁨인 희열과 즐거움의 감각인 행복을 느끼게 됩니다.

그러한 희열과 행복을 유지하여, 더욱 집중된 고요한 마음이 되도록 노력하면, 흩어지지 않는 행복감이 지속되는 초선의 지혜를 경험하게 됩니다.

3) 괴로움의 소멸에 이르는 여덟 가지 고귀한 길 중에 올바른 말(正語, Sammāvācā)이란 무엇인가에 대하여 그 근원을 숙고하고, 마음을 집중하여 분명한 앎을 위한 명상을 시작합니다.

그리고는 몸을 곧게 펴서 바로 하고, 눈을 지그시 감고, 심신의 안정이 유지될 때, 멈춤 없는 고요 속에서, 맑은 정신과 밝은 감각을 일으킴에 주의를 기울여 마음을 집중한 다음, 바른 말의 갖춤이란, 거짓말을 삼가고, 중상모략을 삼가고, 욕설을 삼가고, 잡담을 삼가는 네 가지 하지 말아야 할 말을 삼가야 함인 사실에 대하여, 하나하나 남김없이 주의 깊게 봄을 통하여, 진리에 대한 의문이 깨달아질 때까지, 가거나 멈추거나 앉거나 눕거나 놓치지 않고, 지속적인 고찰을 이어갑니다.

주의 깊은 고찰을 통하여, 바른 말이 네 가지 하지 말아야 할 말을 삼가는 것이고, 이것은 끊이지 않는 수행을 통해서 이룰 수 있다는 사실에 대하여, 분명한 앎과 올바로 봄이 나타나면, 그 순간, 눈이 번쩍 뜨이는 기쁨인 희열과 즐거움의 감각인 행복을 느끼게 됩니다.

그러한 희열과 행복을 유지하여, 더욱 집중된 고요한 마음이 되도록 노력하면, 흩어지지 않는 행복감이 지속되는 초선의 지혜를 경험하게 됩니다.

4) 괴로움의 소멸에 이르는 여덟 가지 고귀한 길 중에 올바른 행동(正業, Sammākammanta)란 무엇인가에 대하여 그 근원을 숙고하고, 마음을 집중하여 분명한 앎을 위한 명상을 시작합니다.

그리고는 몸을 곧게 펴서 바로 하고, 눈을 지그시 감고, 심신의 안정이 유지될 때, 멈춤 없는 고요 속에서, 맑은 정신과 밝은 감각을 일으킴에 주의를 기울여 마음을 집중한 다음, 바른 행위 갖춤이란, 살생을 삼가고, 도둑질을 삼가고, 삿된 음행을 삼가는 세 가지 신체적 행위를 삼가는 것이란 사실에 대하여, 하나하나 남김없이 주의 깊게 봄을 통하여, 진리에 대한 의문이 깨달아질 때까지, 가거나 멈추거나 앉거나 눕거나 놓치지 않고, 지속적인 고찰을 이어갑니다.

주의 깊은 고찰을 통하여, 바른 행위가 세 가지의 그릇된 신체적 행위를 삼가는 것이고, 이것은 끊이지 않는 수행을 통해서 이룰 수 있다는 사실에 대하여, 분명한 앎과 올바로 봄이 나타나면, 그 순간, 눈이 번쩍 뜨이는 기쁨인 희열과, 즐거움의 감각인 행복을 느끼게 됩니다.

그러한 희열과 행복을 유지하여, 더욱 집중된 고요한 마음이 되도록 노력하면, 흩어지지 않는 행복감이 지속되는 초선의 지혜를 경험하게 됩니다.

5) 괴로움의 소멸에 이르는 여덟 가지 고귀한 길 중에 올바른 생계(正命, Sammāppabhāna)란 무엇인가에 대하여 그 근원을 숙고하고, 마음을 집중하여 분명한 앎을 위한 명상을 시작합니다.

그리고는 몸을 곧게 펴서 바로 하고, 눈을 지그시 감고, 심신의 안정이 유지될 때, 멈춤 없는 고요 속에서, 맑은 정신과 밝은 감각을 일으킴에 주의를 기울여 마음을 집중한 다음, 바른 생계 갖춤이란, 생계를 꾸리는 그릇된 수단을 지양하여야 하는 것임에 대하여, 하나하나 남김없이 주의 깊게 봄을 통하여, 진리에 대한 의문이 깨달아질 때까지, 가거나 멈추거나 앉거나 눕거나 놓치지 않고, 지속적인 고찰을 이어갑니다.

주의 깊은 고찰을 통하여, 바른 생계가 생계를 꾸리는 그릇된 수단 모두를 삼가는 것이고, 이것은 끊이지 않는 수행을 통해서 이룰 수 있다는 사실에 대하여, 분명한 앎과 올바로 봄이 나타나면, 그 순간, 눈이 번쩍 뜨이는 기쁨인 희열과 즐거움의 감각인 행복을 느끼게 됩니다.

그러한 희열과 행복을 유지하여, 더욱 집중된 고요한 마음이 되도록 노력하면, 흩어지지 않는 행복감이 지속되는 초선의 지혜를 경험하게 됩니다.

 6) 괴로움을 소멸에 이르는 여덟 가지 고귀한 길 중에 올바른 정진(正精進, Sammāvāyāma)이란 무엇인가에 대하여 그 근원을 숙고하고, 마음을 집중하여 분명한 앎을 위한 명상을 시작합니다.

 그리고는 몸을 곧게 펴서 바로 하고, 눈을 지그시 감고, 심신의 안정이 유지될 때, 멈춤 없는 고요 속에서, 맑은 정신과 밝은 감각을 일으킴에 주의를 기울여 마음을 집중한 다음, 바른 정진 갖춤이란, 아직 일어나지 않은 착하지 않은 것들이 일어나지 못하게 하기 위해 의욕을 생기게 하고 정진하고 힘을 내고 마음을 다잡고 애쓰며, 이미 일어난 착하지 않은 것들을 제거하기 위해 의욕을 생기게 하고 정진하고 힘을 내고 마음을 다잡고 애쓰며, 이미 일어나지 않은 착한 것들이 일어나도록 하기 위해 의욕을 생기게 하고 정진하고 힘을 내고 마음을 다잡고 애쓰며, 이미 일어난 착한 것들을 지속시키고 사라지지 않게 증장시키고 충만하게 하기 위하여 의욕을 생기게 하고 정진하고 힘을 내고 마음을 다잡고 애쓰는 것임에 대하여, 하나하나 남김없이 주의 깊게 봄을 통하여, 진리에 대한 의문이 깨달아질 때까지, 가거나 멈추거나 앉거나 눕거나 놓치지 않고, 지속적인 고찰을 이어갑니다.

주의 깊은 고찰을 통하여, 바른 정진이 네 가지 지켜야 할 바른 노력이고, 이것은 끊이지 않는 수행을 통해서 이룰 수 있다는 사실에 대하여, 분명한 앎과 올바로 봄이 나타나면, 그 순간, 눈이 번쩍 뜨이는 기쁨인 희열과 즐거움의 감각인 행복을 느끼게 됩니다.

 그러한 희열과 행복을 유지하여, 더욱 집중된 고요한 마음이 되도록 노력하면, 흩어지지 않는 행복감이 지속되는 초선의 지혜를 경험하게 됩니다.

 7) 괴로움의 소멸에 이르는 여덟 가지 고귀한 길 중에 올바른 새김(正念, Sammāsati)이란 무엇인가에 대하여 그 근원을 숙고하고, 마음을 집중하여 분명한 앎을 위한 명상을 시작합니다.

 그리고는 몸을 곧게 펴서 바로 하고, 눈을 지그시 감고, 심신의 안정이 유지될 때, 멈춤 없는 고요 속에서, 맑은 정신과 밝은 감각을 일으킴에 주의를 기울여 마음을 집중한 다음, 바른 알아차림을 갖춤이란, 몸에 대하여 무상하고 괴롭고 제어할 수 없는 것임을 관찰하고, 느낌에 대하여 무상하고 괴롭고 제어할 수 없는 것임을 관찰하고, 마음에 대하여 무상하고 괴롭고 제어할 수 없는 것임을 관찰하고, 심리현상 즉 마음의 대상과 그 사실들은 무상하고 괴롭고 제어할 수 없는 것임에 대하여, 하나하나 남김없이 주의 깊게 봄을 통하여, 진리에 대한 의문이 깨달아질 때까지, 가거나 멈추거나 앉거나 눕거나 놓치지 않고, 지속적인 고찰을 이어갑니다.

주의 깊은 고찰을 통하여, 바른 알아차림이 사염처 수행을 말하는 것이고, 이것은 끊이지 않는 수행을 통해서 이룰 수 있다는 사실에 대하여, 분명한 앎과 올바로 봄이 나타나면, 그 순간, 눈이 번쩍 뜨이는 기쁨인 희열과 즐거움의 감각인 행복을 느끼게 됩니다.

그러한 희열과 행복을 유지하여, 더욱 집중된 고요한 마음이 되도록 노력하면, 흩어지지 않는 행복감이 지속되는 초선의 지혜를 경험하게 됩니다.

　8) 괴로움의 소멸에 이르는 여덟 가지 고귀한 길 중에 바른 집중(正定, Sammāsamādhi)란 무엇인가에 대하여 그 근원을 숙고하고, 마음을 집중하여 분명한 앎을 위한 명상을 시작합니다.

　그리고는 몸을 곧게 펴서 바로 하고, 눈을 지그시 감고, 심신의 안정이 유지될 때, 멈춤 없는 고요 속에서, 맑은 정신과 밝은 감각을 일으킴에 주의를 기울여 마음을 집중한 다음, 바른 삼매 갖춤이란, 네 가지 삼매를 남김없이 수행하여 욕계로부터 벗어나는 것임에 대해 하나하나 남김없이 주의 깊게 봄을 통하여, 진리에 대한 의문이 깨달아질 때까지, 가거나 멈추거나 앉거나 눕거나 놓치지 않고, 지속적인 고찰을 이어갑니다.

주의 깊은 고찰을 통하여, 바른 삼매에 이르기 위하여 네 가지 집중수행을 빠짐없이 실천해야 하는데, 이것은 끊이지 않는 수행을 통해서 이룰 수 있다는 사실에 대하여, 분명한 앎과 올바로 봄이 나타나면, 그 순간, 눈이 번쩍 뜨이는 기쁨인 희열과 즐거움의 감각인 행복을 느끼게 됩니다.

그러한 희열과 행복을 유지하여, 더욱 집중된 고요한 마음이 되도록 노력하면, 흩어지지 않는 행복감이 지속되는 초선의 지혜를 경험하게 됩니다.

꾸쌀람

Kusalaṁ

착하고 건전하게

촛불은 바람 때문에 흔들리고
수행은 삼독으로 허물어진다.

- 수완나 -

5. 최상의 완전한 깨달음에 대한 지혜

초선의 지혜를 놓치지 않고, 몸을 곧게 펴서 바로 하고, 눈을 지그시 감고, 심신의 안정이 유지될 때, 멈춤 없는 고요 속에서, 맑은 정신과 밝은 감각을 일으킴에 주의를 기울여 마음을 집중한 다음, 지속적인 알아차림으로 집중하면, 더 이상의 일으킨 생각(Vitakka)이 일어나지 않게 되며, 그로 인하여 지속적인 고찰(Vicāra)도 가라앉게 됩니다.

그리고는 눈이 번쩍 뜨이는 기쁨인 희열(pīti)과, 즐거움의 감각인 행복(sukha)이 남아 있는 가운데, 새로이 나타난, 더욱 더 깊은 집중(Ekaggatā)이 체험되는 제 2선(Dutiyajjhāna)의 지혜를 얻습니다.

이선의 지혜를 놓치지 않고 몸을 곧게 펴서 바로 하고, 눈을 지그시 감고, 심신의 안정이 유지될 때, 멈춤 없는 고요 속에서, 맑은 정신과 밝은 감각을 일으킴에 주의를 기울여 마음을 집중한 다음, 지속적인 알아차림으로 마음을 집중하면, 눈이 번쩍 뜨이는 기쁨인 희열의 느낌은 서서히 가라앉습니다.

그리고는 즐거움의 감각인 행복과 집중만이 계속 유지되는 체험의 제 3선(Tatiyajjhāna)의 지혜를 얻습니다.

삼선의 지혜를 놓치지 않고, 몸을 곧게 펴서 바로 하고, 눈을 지그시 감고, 심신의 안정이 유지될 때, 멈춤 없는 고요 속에서, 맑은 정신과 밝은 감각을 일으킴에 주의를 기울여 마음을 집중한 다음, 지속적인 알아차림으로 마음을 집중하면, 삼선에서 존재하던 즐거움의 감각적 행복과 깊은 집중마저도 서서히 가라앉게 됩니다.

그리고는 온전히 버림으로서 얻게 되는 평온(Upekkha)과, 완전한 적멸 속 고도의 집중인 삼매(Samādhi)를 체험하는, 제 4선(catutthajjhāna)의 지혜를 얻습니다.

사선의 지혜를 놓치지 않고, 몸을 곧게 펴서 바로 하고, 눈을 지그시 감고, 심신의 안정이 유지될 때, 멈춤 없는 고요 속에서, 맑은 정신과 밝은 감각을 일으킴에 주의를 기울여 마음을 집중한 다음, 지속적인 알아차림으로 마음을 집중하면, 형태에 대한 지각이 사라지고, 장애의 지각을 종식하는, 공간이 무한한 경지(ākāsânañcâyatana)에 도달하게 됩니다.

공간의 무한한 경지에 도달하였지만, 몸을 곧게 펴서 바로 하고, 눈을 지그시 감고, 심신의 안정이 유지될 때, 멈춤 없는 고요 속에서, 맑은 정신과 밝은 감각을 일으킴에 주의를 기울여 마음을 집중한 다음, 그 경지에 도달하였다는 생각을 일으키지 않고, 지속적인 알아차림으로 마음을 집중하면, 공간이 무한하다는 지각이 사라지는, 의식이 무한한 경지(viññāṇânañcāyatana)에 도달하게 됩니다.

의식이 무한한 경지에 도달하였지만, 몸을 곧게 펴서 바로 하고, 눈을 지그시 감고, 심신의 안정이 유지될 때, 멈춤 없는 고요 속에서, 맑은 정신과 밝은 감각을 일으킴에 주의를 기울여 마음을 집중한 다음, 그 경지에 도달하였다는 생각을 일으키지 않고, 지속적인 알아차림으로 마음을 집중하면, 의식이 무한하다는 지각이 사라지는, 아무것도 없는 경지(ākiñcaññāyatana)에 도달하게 됩니다.

아무것도 없는 경지에 도달하였지만, 몸을 곧게 펴서 바로 하고, 눈을 지그시 감고, 심신의 안정이 유지될 때, 멈춤 없는 고요 속에서, 맑은 정신과 밝은 감각을 일으킴에 주의를 기울여 마음을 집중한 다음, 그 경지에 도달하였다는 생각을 일으키지 않고, 지속적인 알아차림으로 마음을 집중하면, 아무것도 없다는 지각이 사라지는, 지각하는 것도 아니고 지각하지 않는 것도 아닌 경지(nevasaññānāsaññāyatana)에 도달하게 됩니다.

지각하는 것도 아니고 지각하지 않는 것도 아닌 경지에 도달하였지만, 몸을 곧게 펴서 바로 하고, 눈을 지그시 감고, 심신의 안정이 유지될 때, 멈춤 없는 고요 속에서, 맑은 정신과 밝은 감각을 일으킴에 주의를 기울여 마음을 집중한 다음, 그 경지에 도달하였다는 생각을 일으키지 않고 지속적인 알아차림으로 마음을 집중하면, 지각하는 것도 아니고 지각하지 않는 것도 아님에 대한 지각이 사라지는, 지각과 느낌의 소멸을 성취(saññāveda yita-nirodha- samāpatti)함에 도달하게 됩니다.

 지각과 느낌의 소멸을 성취함에 도달하였지만, 몸을 곧게 펴서 바로 하고, 눈을 지그시 감고, 심신의 안정이 유지될 때, 멈춤 없는 고요 속에서, 맑은 정신과 밝은 감각을 일으킴에 주의를 기울여 마음을 집중한 다음, 모든 지각과 느낌의 소멸을 성취하였다는 생각마저 일으키지 않고, 지속적인 알아차림으로 마음을 집중하면, 느낌과 지각이 그치고 번뇌가 부서지며 탐욕도 그치고, 분노도 그치고, 어리석음도 그치게 되며, 삼법인(tilakkhaṇa, 三法印) 즉 무상(anicca, 無常), 고(dukkha, 苦), 무아(anattan, 無我)마저 완전하게 깨달아, **최상의 완전한 깨달음을 이루는 빠라마-아비쌈보디**(parama-âbhi-sambodhi, 最上等正覺)를 통하여, 완전한 앎과 봄의 완성인 열반에 이릅니다.

마하시 사야도(Mahāsi Sayadaw)로 알려진 우 쏘바나 대장로(Sobhana Mahāthera)는 『초전법륜경』 강의서에서 "…위빠사나 도는 순간적인 고요함을 가져오지만 성스러운 도는 번뇌의 완전한 소멸을 가져옵니다"(김한상 번역, 『마하시 사야도의 초전법륜경 강의』, 2009, 73쪽)라고 설명하고 있습니다.

    이와 같이 어느 한 수행, 즉 단편적인 수행만으로는 완전한 깨달음에 도달할 수 없음에 주의를 기울여, 부처님의 지혜 중에서 포괄적 수행방법을 잘 집약시켜 놓은 이 아리야삿짜(ariyasacca, 거룩한 진리) 수행으로 남김 없는 수행을 하도록 노력하여야 합니다.

이렇게 아리야삿짜 수행에서 제시하는, 여러 가지 수행을 통하여 얻어진 직접적인 체험들은, 그 수행기간이 오래 되면 될수록 더욱 깊은 지혜가 되어, 완전한 해탈과 열반에 도달되는 이익을 얻게 됩니다.

아리야삿짜 실천단계

꾸쌀람

Kusalaṁ

착하고 건전하게

착한 배움을 얻음은 이익이 크며
올바른 배움 뒤의 생각은 지혜롭다.

- 수완나 -

1. 언제나 깨어 있음의 실천

수행의 시작부터 수행의 완성에 이르기까지 수행 중에 일어나는 모든 것과 수행 이후에 나타나는 모든 것에 대하여 지속적으로 놓치지 않고 노력해야 하는 것이 있습니다.

그것은 지금 무엇을 하고 있는지에 대한 알아차림이며, 이것은 걷거나 멈추거나 앉거나 눕거나 그 어느 때이건, 일어나고 사라짐에 대하여 놓치지 않아야 합니다.

지금 신심을 일으키면 그 신심을 놓치지 않아야 하고, 지금 자신을 뒤돌아보고 허물을 깨달았으면 그 허물에 대하여 부끄러움을 놓치지 않아야 하며, 지금 자신의 선행이 보이면 그 선행이 지속될 수 있도록 놓치지 않아야 하고, 지금 자애심이 일어나면 그 고귀한 자애심을 놓치지 않아야 합니다.

지금 들숨과 날숨에 대하여 집중하고 있으면 집중을 놓치지 않아야 하고, 지금 고요함이 일어나면 그 고요함을 놓치지 않아야 하며, 지금 몸을 보며 몸의 현상에 대한 앎이 일어나면 그 앎을 놓치지 않아야 하고, 지금 느낌의 현상에 대한 앎이 일어나면 그 앎을 놓치지 않아야 하며, 지금 마음의 현상에 대한 앎이 일어나면 그 앎을 놓치지 않아야 하고, 지금 사실의 변화에 대하여 앎이 일어나면 그 앎을 놓치지 않아야 합니다.

지금 고통이 무엇인지 알아지면 그 앎을 놓치지 않아야 하고, 지금 고통이 무엇을 토대로 하고 있는가 하는 것을 알면 그 앎을 놓치지 않아야 하며, 지금 고통의 소멸은 어떻게 하는 것인지 알면 그 앎을 놓치지 않아야 하고, 지금 고통의 소멸에 이르는 길을 알았으면 그 앎을 놓치지 않아야 합니다.

지금 일으킨 생각과 고찰이 일어나면 그 일어남을 놓치지 않아야 하고, 희열과 즐거움이 느껴지면 그 느낌을 놓치지 않아야 하며, 평온과 삼매가 일어나면 그 알아차림을 놓치지 않아야 합니다.

여기에서 주의하여야 하는 것은, 알아차림을 놓치지 않음은 매 순간 유지되고 지속되어야 하는 것이며, 일어나고 사라짐이 나타날 때마다 있는 그대로 알고 보아야 이익이 높음에 주의를 기울여야 하는 것입니다.

꾸쌀람

Kusalaṁ

착하고 건전하게

착함을 일으키기에 앞서
탐욕과 성냄부터 멈추어라.

- 수완나 -

2. 언제나 편견 없음의 실천

 가르침에 따르면 "시법평등(是法平等)이니 무유고하(無有高下)니라" 하였습니다.

 우리에게 탐욕과 분노가 일어남도 평등심이 없이 나와 남에게 높낮이를 두기 때문이요, 진리에 눈뜨지 못함도 편견으로 상을 세우기 때문입니다.

 모든 것은 그 자체로 평등하여 본래로 높낮이가 없음에도 이름으로, 모양으로 구분하고, 좋고 나쁨으로 취사하고, 한쪽으로 치우친 단견으로 분별하여 나를 내세움이 결국 허망한 높낮이를 만들어 내는 것입니다.

지혜는 돈으로 사고 팔 수 있는 것이 아닙니다.

지혜는 지식의 많고 적음으로 나타나는 것이 아닙니다.

지혜는 끊이지 않는 올바른 노력으로 온전한 자기 경험을 통하여 얻어지는 깨달음입니다.

어느 위치에 있는지, 어느 학교를 나왔는지, 얼마만큼의 경제력이 있는지 등, 주처(住處)의 변화에 따라 높낮이를 보았다면, 그는 이미 진리와는 천리 밖으로 멀어진 것과 같습니다.

우리는 모두가 평등합니다.

편견으로 세상을 바라보는 마음을 제어해야 합니다.

모든 대상에 불성이 있음을 안다면, 모두를 부처님으로 바라보는 지혜를 실천하여야 합니다.

"무거무래역무주(無去無來亦無住)라"고 했습니다. 오는 것도 가는 것도 본래 없는 것이거늘 지금 있다고 생각하는 그것이, 그대를 분별취사의 고통으로 이끌고 있다는 것을 알고 보아야 합니다.

우리는 모두가 하나입니다.

내가 내 몸을 아끼듯이 주변 모두를 나와 같이 바라본다는 것, 그것이 차별 없는 평등의 실천입니다.

3. 언제나 자비 베풂의 실천

자비는 가장 높은 지혜의 완성을 말합니다.

자비는 탐욕과 분노가 사라졌을 때 일어나며, 탐욕과 분노가 있으면 자비심이 일어나지 않습니다.

자비는 지혜로워야 실천할 수 있습니다. 우둔하면 자비를 어떻게 베풀어야 하는지 알 수가 없습니다.

진정한 자비는 꾸쌀라담마(Kusaladhamma)의 실천으로 완성됩니다.

꾸쌀라담마는 올바르고 정직하며, 부드럽고 온화하고, 만족하고 겸손하며, 성실하고 착함으로 토대를 이루고 있습니다.

 가르침에 따르면 어떤 생명으로 존재하는 것이라도 연약하건 강건하건 예외 없이, 긴 것이든, 커다란 것이든, 중간 크기이든, 짧은 것이든, 미세한 것이든, 두터운 것이든, 볼 수 있는 것이든, 볼 수 없는 것이든, 멀리 사는 것이든, 가까이 사는 것이든, 태어난 것이든, 태어나게 될 것이든 모든 살아 있는 존재들이 안락하기를 바라야 합니다.

 온 세상에 대해서도 한량없는 자애의 마음으로 위로 아래로, 그리고 사방으로 걸림이 없이 증오심도 원한심도 넘어서서, 그 모두가 평온하고 행복하기를 바라야 합니다.

자비의 실천은 부처님의 후광처럼 아름답고 빛나며, 모든 삶을 이익이 되게 합니다.

지금까지의 수행과정들을 통하여, 스스로를 통제하는 능력이 생겨나고, 자신의 허물에 대하여 완전히 앎이 일어나고, 불건전한 모습을 건전하고 올바르게 변화시키는 치유를 경험하셨을 것입니다.

아리야삿짜 수행은 고통으로부터 마음을 치유하는 가장 우수한 명상힐링입니다.

아리야삿짜 수행은 과거세로부터 오랫동안 이어져온 고통의 독소들을 하나하나 들어내고, 행복의 에너지로 바꾸는 위대한 힘이 있습니다.

여기에서 반드시 주의해야 하는 것은 아리야삿짜 수행하는 중에, 수행방법으로 인하여 고통이 일어남을 경험하였다면, 수행법을 잘못 사용하였거나, 과도한 집중사용으로 나타난 것임을 알아야 합니다.

 연꽃이 한 송이 아름다운 꽃을 피우기 위해 다양한 조건들이 있어야 하듯이, 아리야삿짜 수행은 여러 가지 수행방법들로 구성되어져 어려워 보이지만, 이것은 부처를 만들어내는, 가장 완전하고 올바름으로 성숙된 고귀한 조건들입니다.

 이 고귀한 조건들을 자양분 삼아서, 부처님 안에서 나를 보고, 내 안에서 부처를 볼 수 있게 되기를 바랍니다.

나는 아직 붓다의 마음도 얻지 못하였습니다.
나는 아직 붓다의 언어도 할 줄 모릅니다.
나는 아직 붓다의 몸도 이루지 못했습니다.

다만, 나는 수행을 통하여, 붓다와 같은 생각, 붓다와 같은 언어, 붓다와 같은 행동을 닮아가려 노력하는 것이 완전한 깨달음에 이르는 길 임을 알았을 뿐입니다.

나는 이러한 고귀한 경험들이 모든 수행자에게 닙바나에 이르는 디딤돌이 되기를 희망하며, 이 기록을 남깁니다.

꾸쌀람

Kusalaṁ

착하고 건전하게

모든 존재가 안락하기를 바라는 것은
스스로 행복과 평온을 얻는 길이다.

- 수완나 -

지송경전

전법륜경 _ 206
무아상경 _ 227
자애경 _ 245

전법륜경(轉法輪經)
Dhammacakkappavattana Sutta

1. Evam me suttaṁ. Ekaṁ samayaṁ bhagavā bārāṇasiyaṁ viharati isipatane migadāye.
Tatra kho bhagavā pañcavaggiye bhikkhū āmantesi:

이와 같이 나는 들었다네.
어느 한 때 부처님께서 바라나시 근처 선인들이 머무르는 사슴동산에 계시었다.
그곳에서 부처님은 다섯 명의 비구들을 위하여 이렇게 설하셨다.

2. Dveme bhikkhave antā pabbajitena na sevitabbā.
Katame dve. Yo cāyaṁ kāmesu kāmasukhallikānuyogo hīno gammo pothujjaniko anariyo anatthasaṁhito, yo cāyaṁ attakilamathānuyogo dukkho anariyo anatthasaṁhito.

Ete kho bhikkhave ubho ante anupagamma majjhimā paṭipadā, tathāgatena abhisambuddhā cakkhukaraṇī ñāṇakaraṇī upasamāya, abhiññāya sambodhāya nibbānāya saṁvattati.

비구들이여! 출가자는 추구해서는 안 되는 두 극단이 있느니라.

무엇이 두 가지인가? 한 극단은 욕망을 따라 감각적인 쾌락에 몰두하는 것으로써 이것은 열등하고 저속하고 세속적이고 성스럽지 못하고 유익함이 없으며,

또 한 극단은 고행에 몰두하는 것으로써 이것 또한 고통스럽고 성스럽지 못하고 유익함이 없는 것이다.

비구들이여, 여래는 이런 양극단을 따르지 않고 중도를 발견했으니, 이 중도는 여래를 올바르고 완전한 깨달음으로 인도했고, 법의 눈을 갖게 했고, 지혜를 얻게 했고, 평온함과 수승한 앎과 바른 깨달음과 닙바나로 인도했다.

3. Katamā ca sā bhikkhave majjhimā paṭipadā tathāgatena abhisambuddhā cakkhukaraṇī ñāṇakaraṇī upasamāya abhiññāya sambodhāya nibbānāya saṁvattati.
Ayameva ariyo aṭṭhaṅgiko maggo, seyyathidaṁ: sammā diṭṭhi, sammā saṅkappo, sammā vācā, sammā kammanto, sammā ājīvo, sammā vāyāmo, sammā sati, sammā samādhi.
Ayaṁ kho sā bhikkhave majjhimā paṭipadā tathāgatena abhisambuddhā cakkhukaraṇī ñāṇakaraṇī upasamāya abhiññāya sambodhāya nibbānāya saṁvattati.

비구들이여! 그렇다면 어떤 것이 여래를 올바르고 완전한 깨달음으로 인도했고, 법의 눈을 갖게 했고, 지혜를 얻게 했고, 평온함과 수승한 앎과 바른 깨달음과 닙바나로 인도한 중도인가? 그것은 바로 성스러운 여덟 가지 도[八支聖道]로서, 한마디로 말하자면: 바른 견해, 바른 사유, 바른 언어, 바른 행위, 바른 생활, 바른 노력, 바른 알아차림, 바른 삼매이다.
비구들이여! 이런 것이 여래가 발견한 중도로서,

올바르고 완전한 깨달음으로 인도했고, 법의 눈을 갖게 했고, 지혜를 얻게 했고, 평온함과 수승한 앎과 바른 깨달음과 닙바나로 인도했다.

4 Idaṁ kho pana bhikkhave dukkhaṁ ariyasaccaṁ:
jātipi dukkhā, jarāpi dukkhā, byādhipi dukkho, maraṇampi dukkhaṁ,
sokaparidevadukkhadomanassupāyāsāpi dukkhā,
appiyehi sampayogo dukkho, piyehi vippayogo dukkho,
yampicchaṁ na labhati tampi dukkhaṁ, saṅkhittena pañcupādānakkhandhā dukkhā.

비구들이여! 이제 괴로움의 성스러운 진리는 이와 같다.
태어남이 괴로움이요, 늙음이 괴로움이요,
병듦이 괴로움이요, 죽음이 괴로움이요,
슬픔과 비탄, 육체적 아픔,
근심과 고뇌도 괴로움이요,
원수와 만나는 것도 괴로움이요,
사랑하는 이와 헤어짐도 괴로움이요,

원하는 것을 얻지 못하는 것도 괴로움이요,
요컨대 오온(五蘊)에 대한 집착 자체가
괴로움이다.

5 Idaṁ kho pana bhikkhave
dukkhasamudayaṁ ariyasaccaṁ:
yāyaṁ taṇhā ponobbhavikā
nandīrāgasahagatā tatratatrābhinandinī,
seyyathidaṁ: kāma- taṇhā, bhavataṇhā,
vibhavataṇhā.

비구들이여! 이제 괴로움의 원인의
성스러운 진리는 이와 같다.
그것은 갈애로 인해 다시 태어남을 가져오고,
쾌락과 탐욕을 쫓아가며, 여기저기서 즐기는 것
이다. 한마디로 말하자면:
감각적 쾌락에 대한 갈애, 존재함에 대한 갈애,
허무함에 대한 갈애이다.

6 Idaṁ kho pana bhikkhave dukkhanirodhaṁ
ariyasaccaṁ:
yo tassā yeva taṇhāya asesavirāganirodho
cāgo paṭinissaggo mutti anālayo.

비구들이여! 이제 괴로움의 소멸의 성스러운
진리는 이와 같다.
그것은 갈애의 남김 없는 소멸이며, 버리고,
놓아버려, 해방되어서, 집착함이 없는 것이다.

7 Idaṁ kho pana bhikkhave
dukkhanirodhagāminī paṭipadā ariyasaccaṁ:
ayameva ariyo aṭṭhaṅgiko maggo,
seyyathidaṁ:
sammā diṭṭhi, sammā saṅkappo, sammā
vācā, sammā kammanto, sammā ājīvo, sam-
mā vāyāmo, sammā sati, sammā samādhi.

비구들이여! 이제 괴로움의 소멸로 인도하는
도의 성스러운 진리는 이와 같다.
그것은 바로 성스러운 여덟 가지
도[八支聖道]로서, 한마디로 말하자면:
바른 견해, 바른 사유, 바른 언어, 바른 행위,
바른 생활, 바른 노력, 바른 알아차림,
바른 삼매이다.

⟦8⟧ Idaṁ dukkhaṁ ariyasaccanti me bhikkhave
pubbe ananussutesu dhammesu cakkhuṁ
udapādi, ñāṇaṁ udapādi, paññā udapādi,
vijjā udapādi, āloko udapādi.
Taṁ kho panidaṁ dukkhaṁ ariyasaccaṁ
pariññeyyanti me bhikkhave
pubbe ananussutesu dhammesu cakkhuṁ
udapādi, ñāṇaṁ udapādi, paññā udapādi,
vijjā udapādi, āloko udapādi.
Taṁ kho panidaṁ dukkhaṁ ariyasaccaṁ
pariññātanti me bhikkhave
pubbe ananussutesu dhammesu cakkhuṁ
udapādi, ñāṇaṁ udapādi, paññā udapādi,
vijjā udapādi, āloko udapādi.

비구들이여! '이것이 괴로움의 성스러운 진리라고 나는 알았다.'
그러자 이전에는 결코 들어본 적이 없는 법의 눈이 생겨나고, 앎이 생겨나고, 지혜가 생겨나고, 명료함이 생겨나고, 광명이 생겨났다.
'실로 이 괴로움의 성스러운 진리를 분명하게 이해해야 한다고 나는 알았다.'
그러자 이전에는 결코 들어본 적이 없는 법의

눈이 생겨나고, 앎이 생겨나고, 지혜가 생겨나고, 명료함이 생겨나고, 광명이 생겨났다.
'실로 이 괴로움의 성스러운 진리를 분명하게 이해하였다고 나는 알았다.'
그러자 이전에는 결코 들어본 적이 없는 법의 눈이 생겨나고, 앎이 생겨나고, 지혜가 생겨나고, 명료함이 생겨나고, 광명이 생겨났다.

⑨ Idaṁ dukkhasamudayaṁ ariyasaccanti me bhikkhave
pubbe ananussutesu dhammesu cakkhuṁ udapādi, ñāṇaṁ udapādi, paññā udapādi, vijjā udapādi, āloko udapādi.
Taṁ kho panidaṁ dukkhasamudayaṁ ariyasaccaṁ pahātabbanti me bhikkhave
pubbe ananussutesu dhammesu cakkhuṁ udapādi, ñāṇaṁ udapādi, paññā udapādi, vijjā udapādi, āloko udapādi.
Taṁ kho panidaṁ dukkhasamudayaṁ ariyasaccaṁ pahīnanti me bhikkhave
pubbe ananussutesu dhammesu cakkhuṁ udapādi, ñāṇaṁ udapādi, paññā udapādi,

vijjā udapādi, āloko udapādi.

비구들이여! '이것이 괴로움의 원인의 성스러운 진리라고 나는 알았다.'

그러자 이전에는 결코 들어본 적이 없는 법의 눈이 생겨나고, 앎이 생겨나고, 지혜가 생겨나고, 명료함이 생겨나고, 광명이 생겨났다.

'실로 이 괴로움의 원인의 성스러운 진리를 끊어야만 한다고 나는 알았다.'

그러자 이전에는 결코 들어본 적이 없는 법의 눈이 생겨나고, 앎이 생겨나고, 지혜가 생겨나고, 명료함이 생겨나고, 광명이 생겨났다.

'실로 이 괴로움의 원인의 성스러운 진리는 끊어졌다고 나는 알았다.'

그러자 이전에는 결코 들어본 적이 없는 법의 눈이 생겨나고, 앎이 생겨나고, 지혜가 생겨나고, 명료함이 생겨나고, 광명이 생겨났다.

10 Idaṁ dukkhanirodhaṁ ariyasaccanti me bhikkhave
pubbe ananussutesu dhammesu cakkhuṁ udapādi, ñāṇaṁ udapādi, paññā udapādi,

vijjā udapādi, āloko udapādi.
Taṁ kho panidaṁ dukkhanirodhaṁ ariyasaccaṁ sacchikātabbanti me bhikkhave pubbe ananussutesu dhammesu cakkhuṁ udapādi, ñāṇaṁ udapādi, paññā udapādi, vijjā udapādi, āloko udapādi.
Taṁ kho panidaṁ dukkhanirodhaṁ ariyasaccaṁ sacchikatanti me bhikkhave pubbe ananussutesu dhammesu cakkhuṁ udapādi, ñāṇaṁ udapādi, paññā udapādi, vijjā udapādi, āloko udapādi.

비구들이여! '이것이 괴로움의 소멸의 성스러운 진리라고 나는 알았다.'
그러자 이전에는 결코 들어본 적이 없는 법의 눈이 생겨나고, 앎이 생겨나고, 지혜가 생겨나고, 명료함이 생겨나고, 광명이 생겨났다.
'실로 이 괴로움의 소멸의 성스러운 진리를 깨달아야만 한다고 나는 알았다.'
그러자 이전에는 결코 들어본 적이 없는 법의 눈이 생겨나고, 앎이 생겨나고, 지혜가 생겨나고, 명료함이 생겨나고, 광명이 생겨났다.
'실로 이 괴로움의 소멸의 성스러운 진리를 깨

달았다고 나는 알았다.'

그러자 이전에는 결코 들어본 적이 없는 법의 눈이 생겨나고, 앎이 생겨나고, 지혜가 생겨나고, 명료함이 생겨나고, 광명이 생겨났다.

⑪ Idaṁ dukkhanirodhagāminī paṭipadā ariyasaccanti me bhikkhave
pubbe ananussutesu dhammesu cakkhuṁ udapādi, ñāṇaṁ udapādi, paññā udapādi, vijjā udapādi, āloko udapādi.
Taṁ kho panidaṁ dukkhanirodhagāminī paṭipadā ariyasaccaṁ bhāvetabbanti me bhikkhave
pubbe ananussutesu dhammesu cakkhuṁ udapādi, ñāṇaṁ udapādi, paññā udapādi, vijjā udapādi, āloko udapādi.
Taṁ kho panidaṁ dukkhanirodhagāminī paṭipadā ariyasaccaṁ bhāvitanti me bhikkhave
pubbe ananussutesu dhammesu cakkhuṁ udapādi, ñāṇaṁ udapādi, paññā udapādi, vijjā udapādi, āloko udapādi.

비구들이여! '이것이 괴로움의 소멸로 인도하는 도의 성스러운 진리라고 나는 알았다.'
그러자 이전에는 결코 들어본 적이 없는 법의 눈이 생겨나고, 앎이 생겨나고, 지혜가 생겨나고, 명료함이 생겨나고, 광명이 생겨났다.
'실로 이 괴로움의 소멸로 인도하는 도의 성스러운 진리를 수행해야만 한다고 나는 알았다.'
그러자 이전에는 결코 들어본 적이 없는 법의 눈이 생겨나고, 앎이 생겨나고, 지혜가 생겨나고, 명료함이 생겨나고, 광명이 생겨났다.
'실로 이 괴로움의 소멸로 인도하는 도의 성스러운 진리를 수행했다고 나는 알았다.'
그러자 이전에는 결코 들어본 적이 없는 법의 눈이 생겨나고, 앎이 생겨나고, 지혜가 생겨나고, 명료함이 생겨나고, 광명이 생겨났다.

12 Yāvakīvañca me bhikkhave imesu catūsu ariyasaccesu evaṁ tiparivaṭṭaṁ dvādasākāraṁ yathābhūtaṁ ñāṇadassanaṁ na suvisuddhaṁ ahosi, neva tāvāhaṁ bhikkhave sadevake loke samārake sabrahmake

sassamaṇabrāhmaṇiyā pajāya
sadevamanussāya, anuttaraṁ
sammāsambodhiṁ abhisambuddhoti
paccaññāsiṁ.

비구들이여! 이 네 가지 성스러운 진리에 대해 이와 같이 세 가지 측면과 열두 가지 형태로 있는 그대로 통찰하여 앎이 청정하지 못했기에, 비구들이여! 나는 천인과 마라와 범천세계, 사문과 바라문과 신들과 인간들 가운데에서, 위없이 바른 깨달음을 스스로 성취했다고 선언한 적이 없었다.

13 Yato ca kho me bhikkhave imesu catūsu ariyasaccesu evaṁ tiparivaṭṭaṁ dvādasākāraṁ yathābhūtaṁ ñāṇadassanaṁ suvisuddhaṁ ahosi, athāhaṁ bhikkhave sadevake loke samārake sabrahmake sassamaṇabrā- hmaṇiyā pajāya sadevamanussāya, anuttaraṁ sammāsambodhiṁ abhisambuddhoti paccaññāsiṁ.

그러나 비구들이여! 실로 이 네 가지 성스러운 진리에 대해 이와 같이 세 가지 측면과 열두 가지 형태로 있는 그대로 통찰하여 앎이 청정하게 완성되었기에, 비구들이여! 나는 천인과 마라와 범천세계, 사문과 바라문과 신들과 인간들 가운데에서, 위없이 바른 깨달음을 스스로 성취했다고 선언할 수 있었다.

14 Ñāṇañca pana me dassanaṁ udapādi:
Akuppā me vimutti, ayaṁ antimā jāti,
natthidāni punabbhavoti.

그리하여 내게 이러한 통찰지견이 일어났다;
'나의 해탈은 확고하다. 이것이 나의 마지막 생이며, 이제 다시는 윤회하는 일이 없노라'고.

15 Idaṁ avoca bhagavā, attamanā pañcavaggiyā bhikkhū bhagavato bhāsitaṁ abhinandunti.
Imasmiñca pana veyyākaraṇasmiṁ bhaññamāne āyasmato koṇḍaññassa virajaṁ vītamalaṁ dhammacakkhuṁ udapādi:
Yaṁ kiñci samudayadhammaṁ sabbaṁ taṁ nirodhadhammanti.

이와 같이 부처님께서 설하시자, 다섯 명의 비구들은 부처님의 말씀에 마음이 충만하여 크게 기뻐하였다.

이러한 상세한 가르침을 바르게 듣고 있던 꼰단냐 존자에게 '생겨난 모든 것은 반드시 사라진다'라는 티 없고 오염 없는 법의 눈이 생겨났다.

16 Pavattite ca pana bhagavatā dhammacakke, bhummā devā saddaṁ anussāvesuṁ: Etaṁ bhagavatā bārāṇasiyaṁ isipatane migadāye anuttaraṁ dhammacakkaṁ pavattitaṁ, appaṭivattiyaṁ samaṇena vā brāhma- ṇena vā devena vā mārena vā brahmunā vā kenaci vā lokasminti.

부처님께서 법의 수레바퀴를 굴리시자,
땅에 머무는 신들이 한 소리로 외치었다.
'부처님께서 바라나시 근처 선인들이 머무르는 사슴동산에서 위없는 법의 수레바퀴를 굴리셨나니, 어떤 사문이건 바라문이건 천인이건 마라이건 범천이건 이 세상의 어느 누구에 의해서도 멈추게 할 수 없노라!'

[17] Bhummānaṁ devānaṁ saddaṁ sutvā,
Cātumahārājikā devā saddaṁ anussāvesuṁ:
Cātumahārājikānaṁ devānaṁ saddaṁ sutvā,
Tāvatiṁsā devā saddaṁ anussāvesuṁ:
Tāvatiṁsānaṁ devānaṁ saddaṁ sutvā,
Yāmā devā saddaṁ anussāvesuṁ:
Yāmānaṁ devānaṁ saddaṁ sutvā,
Tusitā devā saddaṁ anussāvesuṁ:
Tusitānaṁ devānaṁ saddaṁ sutvā,
Nimmānaratī devā saddaṁ anussāvesuṁ:
Nimmānaratīnaṁ devānaṁ saddaṁ sutvā,
Paranimmitavasavattī devā saddaṁ anussāvesuṁ:
Paranimmitavasavattīnaṁ devānaṁ saddaṁ sutvā,
Brahmapārisajja devā saddaṁ anussāvesuṁ:

땅에 머무는 신들의 소리를 듣고,
사천왕의 신들이 한 소리로 외치었다:
사천왕 신들의 소리를 듣고,
삼십삼천의 신들이 한 소리로 외치었다:
삼십삼천 신들의 소리를 듣고,
야마천의 신들이 한 소리로 외치었다:

야마천 신들의 소리를 듣고,
도솔천의 신들이 한 소리로 외치었다:
도솔천 신들의 소리를 듣고,
화락천의 신들이 한 소리로 외치었다:
화락천 신들의 소리를 듣고,
타화자재천의 신들이 한 소리로 외치었다:
타화자재천 신들의 소리를 듣고,
범중천의 신들이 한 소리로 외치었다:

Brahmapārisajjanaṁ devānaṁ saddaṁ sutvā,
Brahmaparohita devā saddaṁ anussāvesuṁ:
Brahmaparōhitānaṁ devānaṁ saddaṁ sutvā,
Mahābrahmā devā saddaṁ anussāvesuṁ:
Mahābrahmānaṁ devānaṁ saddaṁ sutvā,
Parittābhā devā saddaṁ anussāvesuṁ:
Parittābhānaṁ devānaṁ saddaṁ sutvā,
Appānābhā devā saddaṁ anussāvesuṁ:
Appānābhānaṁ devānaṁ saddaṁ sutvā,
Ābassarā devā saddaṁ anussāvesuṁ:
Ābassarānaṁ devānaṁ saddaṁ sutvā,
Parittasubhā devā saddaṁ anussāvesuṁ:
Parittasubhānaṁ devānaṁ saddaṁ sutvā,
Appamānasubhā devā saddaṁ anussāvesuṁ:

범중천 신들의 소리를 듣고,
법보천의 신들이 한 소리로 외치었다:
법보천 신들의 소리를 듣고,
대범천의 신들이 한 소리로 외치었다:
대범천 신들의 소리를 듣고,
소광천의 신들이 한 소리로 외치었다:
소광천 신들의 소리를 듣고,
무량광천의 신들이 한 소리로 외치었다:
무량광천 신들의 소리를 듣고,
광음천의 신들이 한 소리로 외치었다:
광음천 신들의 소리를 듣고,
소정천의 신들이 한 소리로 외치었다:
소정천 신들의 소리를 듣고,
무량정천의 신들이 한 소리로 외치었다:

Appamānasubhānaṁ devānaṁ saddaṁ sutvā,
Subhakinhakā devā saddaṁ anussāvesuṁ:
Subhakinhakānaṁ devānaṁ saddaṁ sutvā,
Vēhappalā devā saddaṁ anussāvesuṁ:
Vēhappalānaṁ devānaṁ saddaṁ sutvā,
Avihā devā saddaṁ anussāvesuṁ:

Avihānaṁ devānaṁ saddaṁ sutvā,
Atappā devā saddaṁ anussāvesuṁ:
Atappānaṁ devānaṁ saddaṁ sutvā,
Sudassā devā saddaṁ anussāvesuṁ:
Sudassānaṁ devānaṁ saddaṁ sutvā,
Sudassī devā saddaṁ anussāvesuṁ:
Sudassīnaṁ devānaṁ saddaṁ sutvā,
Akaniṭṭhakā devā saddaṁ anussāvesuṁ:

무량정천 신들의 소리를 듣고,
편정천의 신들이 한 소리로 외치었다:
편정천 신들의 소리를 듣고,
광과천의 신들이 한 소리로 외치었다:
광과천 신들의 소리를 듣고,
무번천의 신들이 한 소리로 외치었다:
무번천 신들의 소리를 듣고,
무열천의 신들이 한 소리로 외치었다:
무열천 신들의 소리를 듣고,
선견천의 신들이 한 소리로 외치었다:
선견천 신들의 소리를 듣고,
대묘견천의 신들도 한 소리로 외치었다:
대묘견천 신들의 소리를 듣고,
유정천의 신들이 한 소리로 외치었다:

Etaṁ bhagavatā bārāṇasiyaṁ isipatane migadāye
anuttaraṁ dhammacakkaṁ pavattitaṁ,
appaṭivattiyaṁ samaṇena vā brāhmaṇena vā devena vā
mārena vā brahmunā vā kenaci vā loka-sminti.

'부처님께서 바라나시 근처 선인들이
머무르는 사슴동산에서
위없는 법의 수레바퀴를 굴리셨나니,
어떤 사문이건 바라문이건 천인이건
마라이건 범천이건
이 세상의 어느 누구에 의해서도
멈추게 할 수 없노라!'

18 Itiha tena khaṇena tena layena tena muhuttena yāva
brahmalokā saddo abbhuggacchi.
Ayañca dasasahassilokadhātu saṅkampi sampakampi sampavedhi,
appamāṇo ca uḷāro obhāso loke pāturahosi
atikkammeva devānaṁ devānubhāvaṁ.

이와 같은 외침은 찰나지간, 그 짧은 순간에
범천세계에까지 울려 퍼져나갔다.
그리하여 일만 세계는 흔들리고
요동치고 강하게 진동했으며,
신들의 위신력을 능가하는 무량광대한 빛이
이 세상을 비추었다.

19 Atha kho bhagavā udānaṁ udānesi:
Aññāsi vata bho koṇḍañño, aññāsi vata bho koṇḍaññoti.
Iti hidaṁ āyasmato koṇḍaññassa
'Aññākoṇḍañño'
tveva nāmaṁ ahosīti.

바로 그때 부처님께서 찬탄하여 말씀하길,
'참으로 꼰단냐는 깨달았다! 참으로 꼰단냐는
깨달았다!'
이로 인해 꼰단냐 존자는 '안냐 꼰단냐' 라는
이름을 얻게 되었다네.

(사. 한국테라와다불교 역, 『테라와다불교의범』, 2012, 134~155쪽)

무아상경(無我相經)
Anattalakkhaṇasutta

1 Evam me suttaṁ. Ekaṁ samayaṁ bhagavā
bārāṇasiyaṁ viharati isipatane migadāye.
Tatra kho bhagavā pañcavaggiye bhikkhū
āmantesi bhikkhavoti.
Bhadanteti te bhikkhū bhagavato
paccassosuṁ.
Bhagavā etadavoca.

이와 같이 나는 들었다네.
어느 한때 부처님께서 바라나시 근처 선인들이
머무르는 사슴동산에 계시었다.
그곳에서 부처님께서는 다섯 비구들에게 "빅쿠
들이여!"라고 부르셨다.
그 비구들은 "대덕이시여!" 라고
부처님에게 대답했다.
부처님께서는 이렇게 설하셨다.

2 Rūpaṁ bhikkhave anattā.
Rūpañca hidaṁ bhikkhave attā abhavissa,
nayidaṁ rūpaṁ ābādhāya saṁvatteyya,
labbhetha ca rūpe, evaṁ me rūpaṁ hotu,
evaṁ me rūpaṁ mā ahosīti.
Yasmā ca kho bhikkhave rūpaṁ anattā,
tasmā rūpaṁ ābādhāya saṁvattati, na ca
labbhati rūpe,
evaṁ me rūpaṁ hotu, evaṁ me rūpaṁ mā
ahosīti.

비구들이여! 이 물질[色]은 자아가 없느니라.
만일 이 물질이 나라면 질병으로
인도되지 않을 것이고,
그리고 이 물질에 대해 '나의 물질이
이와 같이 되기를,
나의 물질이 이와 같이 되지 않기를'이라고
할 수 있을 것이다.
비구들이여, 그러나 이 물질은 자아가
없느니라.
이 물질이 나가 아니기에 질병으로 인도되고,
이 물질에 대해 '나의 물질이 이와 같이 되기를,
나의 물질이 이와 같이 되지 않기를'이라고

할 수 없는 것이다.

3 Vedanā anattā.
Vedanā ca hidaṁ bhikkhave attā abhavissa,
nayidaṁ vedanā ābādhāya saṁvatteyya,
labbhetha ca vedanāya, evaṁ me vedanā
hotu,
evaṁ me vedanā mā ahosīti.
Yasmā ca kho bhikkhave vedanā anattā,
tasmā vedanā ābādhāya saṁvattati, na ca
labbhati vedanāya,
evaṁ me vedanā hotu, evaṁ me vedanā mā
ahosīti.

이 느낌[受]은 자아가 없느니라.
만일 이 느낌이 나라면 질병으로
인도되지 않을 것이고,
그리고 이 느낌에 대해 '나의 느낌이
이와 같이 되기를,
나의 느낌이 이와 같이 되지 않기를'이라고
할 수 있을 것이다.
비구들이여, 그러나 이 느낌은
자아가 없느니라.

이 느낌이 나가 아니기에 질병으로 인도되고,
이 느낌에 대해 '나의 느낌이 이와 같이 되기를,
나의 느낌이 이와 같이 되지 않기를'이라고
할 수 없는 것이다.

4 Saññā anattā.
Saññā ca hidaṁ bhikkhave attā abhavissa,
nayidaṁ saññā ābādhāya saṁvatteyya,
labbhetha ca saññāya, evaṁ me saññā hotu,
evaṁ me saññā mā ahosīti.
Yasmā ca kho bhikkhave saññā anattā,
tasmā saññā ābādhāya saṁvattati, na ca
labbhati saññāya,
evaṁ me saññā hotu, evaṁ me saññā mā
ahosīti.

이 지각[想]은 자아가 없느니라.
만일 이 지각이 나라면 질병으로
인도되지 않을 것이고,
그리고 이 지각에 대해 '나의 지각이
이와 같이 되기를,
나의 지각이 이와 같이 되지 않기를'이라고
할 수 있을 것이다.

비구들이여,
그러나 이 지각은 자아가 없느니라.
이 지각이 나가 아니기에 질병으로 인도되고,
이 지각에 대해 '나의 지각이 이와 같이 되기를,
나의 지각이 이와 같이 되지 않기를'이라고
할 수 없는 것이다.

5 Saṅkhārā anattā.
Saṅkhārā ca hidaṁ bhikkhave attā abhavissaṁsu,
nayidaṁ saṅkhārā ābādhāya saṁvatteyyuṁ,
labbhetha ca saṅkhāresu, evaṁ me saṅkhārā hontu,
evaṁ me saṅkhārā mā ahesunti.
Yasmā ca kho bhikkhave saṅkhārā anattā,
tasmā saṅkhārā ābādhāya saṁvattanti, na ca labbhati saṅkhāresu,
evaṁ me saṅkhārā hontu, evaṁ me saṅkhārā mā ahesunti.

이 형성작용들[諸行]은 자아가 없느니라.
만일 이 형성작용들이 나라면 질병으로
인도되지 않을 것이고,

그리고 이 형성작용들에 대해 '나의
형성작용들이 이와 같이 되기를,
나의 형성작용들이 이와 같이 되지 않기를'이라
고 할 수 있을 것이다.
비구들이여,
그러나 이 형성작용들은 자아가 없느니라.
이 형성작용들이 나가 아니기에 질병으로
인도되고, 이 형성작용들에 대해
'나의 형성작용들이 이와 같이 되기를,
나의 형성작용들이 이와 같이 되지 않기를'이라
고 할 수 없는 것이다.

6 Viññāṇaṁ anattā.
Viññāṇaṁ ca hidaṁ bhikkhave attā
abhavissa,
nayidaṁ viññāṇaṁ ābādhāya saṁvatteyya,
labbhetha ca viññāṇe, evaṁ me viññāṇaṁ
hotu,
evaṁ me viññāṇaṁ mā ahosīti.
Yasmā ca kho bhikkhave viññāṇaṁ anattā,
tasmā viññāṇaṁ ābādhāya saṁvattati, na ca
labbhati viññāṇe,

evaṁ me viññāṇaṁ hotu, evaṁ me viññāṇaṁ mā ahosīti.

이 식(識)은 자아가 없느니라.
만일 이 식이 나라면 질병으로
인도되지 않을 것이고,
그리고 이 식에 대해
'나의 식이 이와 같이 되기를,
나의 식이 이와 같이 되지 않기를'이라고
할 수 있을 것이다.
비구들이여, 그러나 이 식은 자아가 없느니라.
이 식이 나가 아니기에 질병으로 인도되고,
이 식에 대해 '나의 식이 이와 같이 되기를,
나의 식이 이와 같이 되지 않기를'이라고
할 수 없는 것이다.

7 Taṁ kiṁ maññātha bhikkhave rūpaṁ niccaṁ vā aniccaṁ vāti.

Aniccaṁ bhante.

Yaṁ panāniccaṁ dukkhaṁ vā taṁ sukhaṁ vāti.

Dukkhaṁ bhante.

Yaṁ panāniccaṁ dukkhaṁ

vipariṇāmadhammaṁ,
kallaṁ nu taṁ samanupassituṁ,
etaṁ mama, esohamasmi, eso me attāti.
No hetaṁ bhante.

비구들이여! 그대들은 어떻게 생각하는가?
이 물질은 영원한가, 무상한가?
대덕이시여! 무상합니다.
그렇다면 무상한 것은 괴로움인가, 즐거움인가?
대덕이시여! 괴로움입니다.
그렇다면 무상하고 괴롭고 변하는
이 현상을 두고,
'이것은 나의 것이다. 이것은 나다.
이것은 나의 자아이다.'
라고 보는 것이 옳은 것인가?
대덕이시여! 확실히 옳지 않습니다.

8 Vedanā niccaṁ vā aniccaṁ vāti.
Aniccaṁ bhante.
Yaṁ panāniccaṁ dukkhaṁ vā taṁ sukhaṁ vāti.
Dukkhaṁ bhante.
Yaṁ panāniccaṁ dukkhaṁ

vipariṇāmadhammaṁ,
kallaṁ nu taṁ samanupassituṁ,
etaṁ mama, esohamasmi, eso me attāti.
No hetaṁ bhante.

이 느낌은 영원한가, 무상한가?
대덕이시여! 무상합니다.
그렇다면 무상한 것은 괴로움인가, 즐거움인가?
대덕이시여! 괴로움입니다.
그렇다면 무상하고 괴롭고 변하는
이 현상을 두고,
'이것은 나의 것이다. 이것은 나다. 이것은 나의 자아이다.'라고 보는 것이 옳은 것인가?
대덕이시여! 확실히 옳지 않습니다.

9 Saññā niccaṁ vā aniccaṁ vāti.
Aniccaṁ bhante.
Yaṁ panāniccaṁ dukkhaṁ vā taṁ sukhaṁ vāti.
Dukkhaṁ bhante.
Yaṁ panāniccaṁ dukkhaṁ
vipariṇāmadhammaṁ,
kallaṁ nu taṁ samanupassituṁ,

etaṁ mama, esohamasmi, eso me attāti.
No hetaṁ bhante.

이 지각은 영원한가, 무상한가?
대덕이시여! 무상합니다.
그렇다면 무상한 것은 괴로움인가, 즐거움인가?
대덕이시여! 괴로움입니다.
그렇다면 무상하고 괴롭고 변하는
이 현상을 두고,
'이것은 나의 것이다. 이것은 나다. 이것은 나의 자아이다.'라고 보는 것이 옳은 것인가?
대덕이시여! 확실히 옳지 않습니다.

10 Saṅkhārā niccaṁ vā aniccaṁ vāti.
Aniccaṁ bhante.
Yaṁ panāniccaṁ dukkhaṁ vā taṁ sukhaṁ vāti.
Dukkhaṁ bhante.
Yaṁ panāniccaṁ dukkhaṁ vipariṇāmadhammaṁ,
kallaṁ nu taṁ samanupassituṁ,
etaṁ mama, esohamasmi, eso me attāti.
No hetaṁ bhante.

이 형성작용들은 영원한가, 무상한가?
대덕이시여! 무상합니다.
그렇다면 무상한 것은 괴로움인가,
즐거움인가?
대덕이시여! 괴로움입니다.
그렇다면 무상하고 괴롭고 변하는
이 현상을 두고,
'이것은 나의 것이다. 이것은 나다.
이것은 나 의 자아이다.'라고
보는 것이 옳은 것인가?
대덕이시여! 확실히 옳지 않습니다.

11. Viññāṇaṁ niccaṁ vā aniccaṁ vāti.
Aniccaṁ bhante.
Yaṁ panāniccaṁ dukkhaṁ vā taṁ sukhaṁ vāti.
Dukkhaṁ bhante.
Yaṁ panāniccaṁ dukkhaṁ vipariṇāmadhammaṁ,
kallaṁ nu taṁ samanupassituṁ,
etaṁ mama, esohamasmi, eso me attāti.
No hetaṁ bhante.

이 식은 영원한가, 무상한가?
대덕이시여! 무상합니다.
그렇다면 무상한 것은 괴로움인가,
즐거움인가?
대덕이시여! 괴로움입니다.
그렇다면 무상하고 괴롭고 변하는
이 현상을 두고,
'이것은 나의 것이다. 이것은 나다.
이것은 나의 자아이다.'라고 보는 것이
옳은 것인가?
대덕이시여! 확실히 옳지 않습니다.

12 Tasmātiha bhikkhave,
yaṁ kiñci rūpaṁ atītānāgatapaccuppannaṁ
ajjhattaṁ vā bahiddhā vā oḷārikaṁ vā sukhumaṁ vā
hīnaṁ vā paṇītaṁ vā yaṁ dūre santike vā,
sabbaṁ rūpaṁ, netaṁ mama,
nesohamasmi, na meso attāti,
evametaṁ yathābhūtaṁ sammappaññāya
daṭṭhabbaṁ.

그러므로 비구들이여!

그 어떤 물질이라도 그것이 과거이건,
미래이건, 현재이건,
안이건, 밖이건, 거칠건, 섬세하건,
저열하건, 수승하건, 멀리 있건, 가까이 있건,
모든 물질에 대해 '이것은 나의 것이 아니다,
이것은 내가 아니다,
이것은 나의 자아가 아니다.' 라고
이와 같이 있는 그대로 통찰하여
바른 지혜로써 이해해야 한다.

13 Yā kāci vedanā atītānāgatapaccuppannā
ajjhattaṁ vā bahiddhā vā oḷārikā vā
sukhumā vā
hīnā vā paṇītā vā yā dūre santike vā,
sabbā vedanā, netaṁ mama,
nesohamasmi, na meso attāti,
evametaṁ yathābhūtaṁ sammappaññāya
daṭṭhabbaṁ.

그 어떤 느낌이라도 그것이 과거이건,
미래이건, 현재이건,
안이건, 밖이건, 거칠건, 섬세하건,
저열하건, 수승하건, 멀리 있건, 가까이 있건,

모든 느낌에 대해 '이것은 나의 것이 아니다,
이것은 내가 아니다,
이것은 나의 자아가 아니다.' 라고
이와 같이 있는 그대로 통찰하여
바른 지혜로써 이해해야 한다.

14 Yā kāci saññā atītānāgatapaccuppannā
ajjhattaṁ vā bahiddhā vā oḷārikā vā
sukhumā vā
hīnā vā paṇītā vā yā dūre santike vā,
sabbā saññā, netaṁ mama,
nesohamasmi, na meso attāti,
evametaṁ yathābhūtaṁ sammappaññāya
daṭṭhabbaṁ.

그 어떤 지각이라도 그것이 과거이건,
미래이건, 현재이건,
안이건, 밖이건, 거칠건, 섬세하건,
저열하건, 수승하건, 멀리 있건, 가까이 있건,
모든 지각에 대해 '이것은 나의 것이 아니다,
이것은 내가 아니다,
이것은 나의 자아가 아니다'라고
이와 같이 있는 그대로 통찰하여

바른 지혜로써 이해해야 한다.

[15] Ye kāci saṅkhārā atītānāgatapaccuppannā
ajjhattaṁ vā bahiddhā vā oḷārikā vā
sukhumā vā
hīnā vā paṇītā vā ye dūre santike vā,
sabbe saṅkhārā, netaṁ mama,
nesohamasmi, na meso attāti,
evametaṁ yathābhūtaṁ sammappaññāya
daṭṭhabbaṁ.

그 어떤 형성작용들이라도
그것이 과거이건, 미래이건, 현재이건,
안이건, 밖이건, 거칠건, 섬세하건,
저열하건, 수승하건, 멀리 있건,
가까이 있건, 모든 형성작용들에 대해
'이것은 나의 것이 아니다,
이것은 내가 아니다,
이것은 나의 자아가 아니다'라고
이와 같이 있는 그대로 통찰하여
바른 지혜로 써 이해해야 한다.

16 Yaṁ kiñci viññāṇaṁ
atītānāgatapaccuppannaṁ
ajjhattaṁ vā bahiddhā vā oḷārikaṁ vā
sukhumaṁ vā
hīnaṁ vā paṇītaṁ vā yaṁ dūre santike vā,
sabbaṁ viññāṇaṁ, netaṁ mama,
nesohamasmi, na meso attāti,
evametaṁ yathābhūtaṁ sammappaññāya
daṭṭhabbaṁ.

그 어떤 식이라도 그것이 과거이건, 미래이건,
현재이건, 안이건, 밖이건, 거칠건, 섬세하건,
저열하건, 수승하건, 멀리 있건, 가까이 있건,
모든 식에 대해 '이것은 나의 것이 아니다,
이것은 내가 아니다,
이것은 나의 자아가 아니다'라고
이와 같이 있는 그대로 통찰하여
바른 지혜로써 이해해야 한다.

17 Evaṁ passaṁ bhikkhave sutvā ariyasāvako
rūpasmiṁpi nibbindati, vedanāyapi
nibbindati,
saññāyapi nibbindati, saṅkhāresupi

nibbindati,
viññāṇasmimpi nibbindati.
Nibbindaṁ virajjati, virāgā vimuccati.
Vimuttasmiṁ vimuttamiti ñāṇaṁ hoti.
'Khīṇā jāti, vusitaṁ brahmacariyaṁ,
kataṁ karaṇīyaṁ, nāparaṁ itthattāyāti
pajānātīti.

비구들이여! 이와 같이 이해하여 많이 들은 성스러운 제자들은
물질에 대해서도 싫어하여 벗어나고,
느낌에 대해서도 싫어하여 벗어나고,
지각에 대해서도 싫어하여 벗어나고,
형성작용들에 대해서도 싫어하여 벗어나고,
식에 대해서도 싫어하여 벗어난다.
싫어하여 벗어나면 탐욕에서 벗어나고,
탐욕에서 벗어나면 해탈한다.
해탈하면 해탈했다는 지혜가 생겨난다.
그리하여 '태어남은 다했다!
청정범행은 완성되었다! 해야 할 일을 이루었다!
다시는 이 윤회를 되풀이 하지 않는다!'라고
분명히 안다.

18 Idamavoca bhagavā,
attamanā pañcavaggiyā bhikkhū bhagavato bhāsitaṁ abhinanduṁ.
Imasmiñca pana veyyākaraṇasmiṁ bhaññamāne
pañcavaggiyānaṁ bhikkhūnaṁ
anupādāya āsavehi cittāni vimucciṁsūti.

그와 같이 부처님께서 설하시자,
다섯 비구들은 기쁨에 넘쳐 부처님의
그 말씀에 크게 환희하였다네.
이 가르침이 설해졌을 때 다섯 비구들은
마음에서 더 이상 집착함이 없어져
모든 번뇌로부터 해탈하였다네.

(사. 한국테라와다불교 역, 『테라와다 불교의범』, 2012, 166~183쪽)

자애경(慈愛經)
Karaṇīyametta Sutta
실천되어야 하는 자애경

Yassā nubhāvato yakkhā, neva dassenti bhīsanaṁ,
yamhi cevānuyuñjanto, rattindiva matandito.
Sukhaṁ supati sutto ca, pāpaṁ kiñci na passati,
evamādiguṇūpetaṁ, parittaṁ taṁ bhaṇāme he.

이 필수독송 자애경의 위력은,
야차들이 인간에게 어떤 두려움도
줄 수 없게 하니,
이런 무서움을 없애기 위해,
밤낮으로 가슴깊이 되새기며 독송하자.
그리하면 편안하게 잠을 자고,
나쁜 꿈을 꾸지 않게 되니,
이런 많은 이익 갖고 있는 필수독송
자애경을 독송하자.

1 Karaṇīyamatthakusalena,
yantaṁ santaṁ padaṁ abhisamecca,
sakko ujū ca suhujū ca,
suvaco cassa mudu anatimānī.

누구든지 착한 일을 능숙하게 실천하고,
고요함의 경지에 이르고자 한다면,
유능하여 올바르고 정직하며,
말하는 데 부드럽고 온화하며 겸손하자.

2 Santussako ca subharo ca,
appakicco ca sallahukavutti,
santindriyo ca nipako ca,
appagabbho kulesu ananugiddho.

만족할 줄 알고 남이 도움주기 쉽고,
분주하지 않고 검소하게 살아가며,
감각기관 고요하여 사려 깊고,
공손하며 사람들에 애착 말자.

3 Na ca khuddaṁ samācare kiñci,
yena viññū pare upavadeyyuṁ,
sukhino vā khemino hontu,
sabbe sattā bhavantu sukhitattā.

현자들에게 비난받을
사소한 허물도 짓지 말며,
그들 모두 행복하고 안전하기를!
모든 살아 있는 존재들이 안락하기를!

4. Ye keci pāṇabhūtatthi,
   tasā vā thāvarā vā anavasesā
   dighā vā ye mahantā vā,
   majjhimā rassakā aṇukathūlā,

어떤 생명으로 존재하는 것이라도,
연약하건 강건하건 예외 없이,
길다랗건 커다랗건,
중간치건 짧다랗건 미세하건 두터웁건,

5. diṭṭhā vā ye ca adiṭṭhā,
   ye ca dūre vasanti avidūre,
   bhūtā vā sambhavesī vā,
   sabbe sattā bhavantu sukhitattā.

볼 수 있건, 볼 수 없건,
멀리 살건, 근처 살건,
태어났건 태어나게 될 것이건,

모든 살아있는 존재들이 안락하기를!

[6] Na paro paraṁ nikubbetha,
nātimaññetha katthaci naṁ kañci,
byārosanā paṭighasaññā,
nāññamaññassa dukkhamiccheyya.

서로서로 속이지 않고,
어디서건 누구이건 경멸하지 말고 살아,
화내거나 악한 생각 품어서도 안 되나니,
다른 이의 괴로움이 지속되길 바라지 않기를!

[7] Mātā yathā niyaṁ puttam,
āyusā ekaputtamanurakkhe,
evampi sabbabhūtesu,
mānasambhāvaye aparimāṇaṁ.

어머니가 자신의 아들을,
하나뿐인 아들을 목숨 다해 보호하듯,
그와 같이 모든 존재들에 대해서도,
한량없이 자애마음 펼치기를!

⑧ Mettañca sabbalokasmiṁ,
   mānasambhāvaye aparimāṇaṁ,
   uddhaṁ adho ca tiriyañca,
   asambādhaṁ averaṁ asapattaṁ

   온 세상에 대해서도 자애롭게,
   한량없이 자애마음 펼쳐가서,
   위로 아래로 그리고 사방으로,
   걸림 없이 증오심도 원한심도 넘어서

⑨ Tiṭṭhañcaraṁ nisinno vā,
   sayāno vā yāvatassa vigatamiddho,
   etaṁ satiṁ adhiṭṭheyya,
   brahmametaṁ vihāraṁ idhamāhu.

   서서 있건 걸어가건 앉아 있건,
   누워 있건 깨어 있는 동안에는 계속하여,
   이런 자애마음 알아차려 확고하게 유지하길!
   여기 이런 것을 성스러운 삶이라고
   부처님이 설하셨네.

10. Diṭṭhiñca anupagamma,
   sīlavā dassanena sampanno,
   kāmesu vineyya gedhaṁ,
   na hi jātu gabbhaseyyaṁ punaretīti.

   이런 자애 수행자는 삿된 견해 갖지 않고,
   계행들을 잘 지키며 통찰력을 성취하여,
   감각적인 즐거움을 탐욕함이 제거되어,
   실로 두 번 다시 윤회하는 태중에는
   들지 않으리.

   (사. 한국테라와다불교 역, 『테라와다 불교의범』, 2012, 116~121쪽)

생명 있는 모든 것에
오래도록 이익과 행복 있기를……

아리야삿짜를 실천한 그대에게,
승리의 길상 있기를……

싸두
싸두
싸두

참고문헌

전재성 역주, 『법구경-담마빠다』, 서울: 한국빠알리 성전협회, 2008,

전재성 역주, 『쌍윳따니까야전집』, 서울: 한국빠알리 성전협회, 2002.

전재성 역주, 『맛지마니까야전집』, 서울: 한국빠알리 성전협회, 2003.

전재성 역주, 『앙굿따라니까야전집』, 서울: 한국빠알리성전협회, 2008.

전재성 역주, 『명상 수행의 바다』, 서울: 한국빠알리 성전협회, 2003.

전재성 역주, 『오늘 부처님께 묻는다면』, 서울: 한국빠알리성전협회, 2005.

전재성 역주, 『생활 속의 명상수행』, 서울: 한국빠알리성전협회, 2007.

전재성 역주, 『숫타니파타』, 서울: 한국빠알리성전협회, 2004.

전재성 편저, 『빠알리어사전』, 서울: 한국빠알리성전협회, 2012.

미즈노 고오겐 지음, 김형준 옮김, 『팔리어 문법』, 서울: 연기사, 2001.

본원 스님, 『부처님 최초의 말씀』, 경남: 근본불교학교출판부, 2003.

우꼬레 영어 번역, 김한상 우리말 번역, 『초전법륜경 강의』, 행복한 숲, 2009.

장현갑, 『마음챙김』, 서울: 미다스북스, 2007.

조띠까 지음, 밧건영 옮김, 『여름에 내린 눈』, 경기도: 보리수선원 출판부, 2011.

헤네폴라 구나라타나 지음, 아난타 옮김, 『선정』, 경기도: 보리수선원 출판부, 2001.

거해 스님 편역, 『근본불교 예불문』, 대구: 삼영불교출판사, 1994.

각묵 스님, 『디가니까야』, 서울: 초기불전연구원, 2004.

각묵 스님, 『네 가지 마음챙기는 공부』, 서울: 초기불전연구원, 2003.

대림 스님, 『앙굿따라니까야』, 서울: 초기불전연구원, 2007.

효진 스님 역주, 『상좌부 수계 의범』, 마하시 위빠사나 명상센터, 2005.

떼자니야저/오원탁 역, 『알아차림만으로는 충분하지 않습니다』, 쉐우민수행센터, 2011.

떼자니아저/청현 스님 역, 『마음가짐이 바르게 되었을 때 수행하십시오』, 쉐우민, 2012.

(사)한국테라와다불교 저, 『테라와다 불교의범』, 경북: (사)한국테라와다불교, 2012.

아누다야선원 소개

부처님은, 여러 가지 형태로 존재하는, 세상의 어떤 보배보다도 뛰어난 최상의 의지처입니다.

그 분의 가르침, 아리야삿짜를 실천하는 것 또한, 모든 생명들의 이익을 위하여, 반드시 수행해야 할 덕목입니다.

우리는 가르침을 실천하기 위하여,

아리야삿짜 수행센터 아누다야선원 건립에 뜻을 세우고, 이 서적의 판매수익금 모두를 사용하기로 하였습니다.

아누다야선원은 부처님 재세 시 실천되었던 근본불교를 복원하고, 아리야삿짜 수행으로 평등무차와 원만자비를 실천하는 청정수행자들의 수행공간입니다.

좋은 인연으로 동행하시는 모든 님에게, 부처님의 위신력으로 모든 괴로움이 평정되고, 오래도록 이익과 행복 있기를 바랍니다.

― 선원장 아신 수완나(Ashin Suvaṇṇa)

나 눔 터

홈페이지: 다음까페-아누다야선원
(http://cafe.daum.net/anudaya)

이메일: suvanna@daum.net

아누다야선원
전화: 070-7717-2276

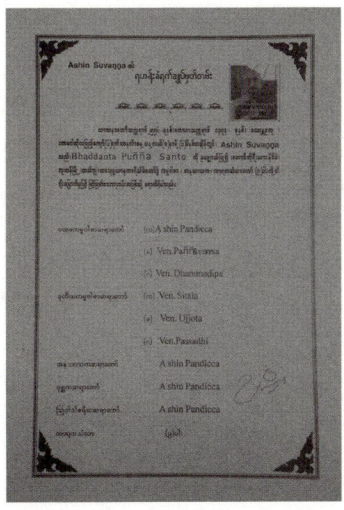

선원장 아신 수완나 스님 수계첩

해탈 그리고 닙바나

엮은이: 아신 수완나

2013년 7월 2일 초판
2013년 9월 12일 수정판

펴낸이: 이성운
편집·교정: 신지연
펴낸곳: 정우서적
서울시 종로구 수송동 두산위브 637호
등록 1992.5.16. 제2-1373호
Tel: 02/765-2920   Fax: 02/766-2920

값: 8,000원

저작권등록   제C-2013-017024호

ISBN 978-89-8023-189-8   03220